AF435171

Mao Tse-Tung

IL LIBRETTO ROSSO

Collana Demos
Il libretto rosso
di Mao Tse-Tung
Undicesima ristampa: aprile 2023
© 2023, Santelli editore

Gruppo Editoriale Santelli

Santelli editore *dal 1987*
Via P. Calamandrei, 1
Cinisello B. - Milano - 20092
340.9481047
www.santellieditore.it
www.grupposantelli.it

Titolo edizione inglese: *Quotations from Chairman Mao Tse-Tung*
A cura di Lian Piao
Editore inglese: BN Publishing, 2008
Traduzione dall'inglese: Andrea Montemagni

Introduzione

Quando, nel 1966, Mao Tse-Tung si propose di gettare le basi per una nuova fase del comunismo in Cina, comprese che, come prima cosa, doveva eliminare non solo gli oppositori all'interno del Partito, ma tutti i componenti moderati del paese. A questo scopo, occorreva sollevare una vera e propria Rivoluzione Culturale, che incitasse le masse a colpire la nomenklatura e gli intellettuali. A seguito del processo scatenato da tale immane sovvertimento, all'incirca un milione e mezzo di persone furono uccise. Eppure, la straordinaria forza ideologica ch'egli ebbe, riuscì a infiammare gli animi di milioni di giovani. In particolar modo, tra l'agosto e il novembre del '66, si radunarono, a ondate successive, sulla Piazza Tienanmen di Pechino folle oceaniche con il semplice scopo di osannare il loro leader. Successivamente, così commentò lo stesso Mao Tse-tung, innanzi a una delegazione militare albanese, lo svolgimento della Rivoluzione Culturale:

"... Dal punto di vista politico e strategico, la grande Rivoluzione culturale proletaria può essere distinta in quattro fasi. Il periodo che va dalla pubblicazione dell'articolo di Yao Wenyuan[1] all'XI

---

1 Ndt. Yao Wenyuan (1924-2005), giornalista e critico letterario a Shanghai, fu tra i promotori della rivoluzione culturale e tra i suoi dirigenti (membro del Gruppo centrale della rivoluzione culturale). Il 10 novembre 1965, Yao Wenyuan pubblicò sul giornale di Shanghai Wenhuibao un articolo in cui attaccava violentemente Wu Han, professore di storia e drammaturgo, nonché membro della Lega democratica e vicesindaco di Pechino. In seguito, fu tutto il mondo della cultura a essere messo sotto accusa, colpevole di volersi sottrarre alle direttive della politica. Dall'8 maggio 1966, e per tutto il mese, ripresero e continuarono gli

Plenum (agosto 1966)[2] può essere considerato la prima fase, una fase soprattutto di mobilitazione. Quello che va dall'XI Plenum alla 'tempesta di gennaio' può essere considerato la seconda fase. La terza fase è il periodo degli articoli 'Patriottismo o tradimento nazionale?' di Qi Benyu[3]. Il periodo attuale può essere considerato la quarta fase. Nel corso della terza e quarta fase, la questione della presa del potere è quella essenziale. La quarta fase è dominata dal problema di impadronirsi dei poteri che il revisionismo e la borghesia esercitano in campo ideologico; di conseguenza, questa è una fase cruciale nella lotta decisiva tra le due classi, le due vie e le due linee, e questo diventa il tema vero e propria di tutto il movimento".

Il pensiero di Mao divenne così, anche grazie alla propaganda attuata da Yao Wenyuan e Lian Piao una vera e propria 'arma spirituale', destinata a operare una radicale trasformazione nella storia dell'umanità. Strumento essenziale della Rivoluzione Culturale fu proprio Il Libretto Rosso, in cui erano raccolti alcuni pensieri di Mao e attraverso il quale il Grande Timoniere, come Mao fu definito, intendeva rivolgersi direttamente al popolo, e in particolar modo ai giovani, invitandoli a un mutamento radicale della propria mentalità allo scopo di creare un nuovo comunismo in funzione di un nuovo uomo. I valori tradizionali cinesi dovevano essere estirpati e il pensiero di Mao si attestava come il fondamento di una società ideale, più giusta e felice di ogni altra. Solo seguendo i dittami scritti nel *Libretto Rosso* sarebbe stato possibile assurgere al vero Comunismo. Per questo quel testo ebbe tanta autorità, per questo le Guardie Rosse e il popolo, che tanto desideravano creare un mondo in cui giustizia e felicità regnassero sovrani, si convinsero che, imparandone a memoria

---

attacchi contro diverse opere letterarie, i cui autori furono denunciati a causa delle loro inclinazioni politiche contrastanti con i dittami del Partito.

2 Ndt. Dal 1 al 15 agosto del 1966 si tenne l'XI Plenum del Comitato Centrale, voluto da Mao per ufficializzare i mutamenti avutisi nei mesi precedenti e annunciarli alla nazione.

3 Ndt. Qi Benyu (1931) è un teorico di estrema sinistra e propagandista della Rivoluzione Culturale cinese. Vicepresidente dell'Ufficio Generale del Comitato Centrale del Partito Comunista Cinese, fu anche capo del Dipartimento di Storia della rivista Bandiera Rossa. Venne arrestato nel 1968.

i precetti, avrebbero potuto ottenere qualsiasi cosa. Contrariamente a quanto molti tutt'oggi ritengono, *Il Libretto Rosso* non fu compilato personalmente da Mao Tse-tung ma da Lin Piao, maresciallo dell'Esercito di Liberazione Popolare e ministro della Difesa, nonché braccio destro e futuro successore del Presidente. Egli ebbe l'idea di raccogliere una sorta di compendio con le massime e gli aforismi di Mao nel 1961 e concretizzò tale proposito nel 1964, quando pubblicò il testo *Quotations from Chairman Mao Tse-Tung*, successivamente occidentalizzato con il titolo *Il Libretto Rosso*, selezionando personalmente alcuni scritti e discorsi di Mao. Com'egli riportò nella prefazione, il testo era destinato soprattutto ai giovani cinesi, chiamati dal Presidente "le Guardie Rosse del futuro". Secondo Mao Tse-Tung, infatti, solo i giovani potevano costituire la forza motrice della Repubblica Popolare durante gli anni successivi alla Rivoluzione e per questa ragione occorreva dare loro un'adeguata educazione politica. Per tenere a mente i concetti più importanti della Rivoluzione, Lin Piao e lo stesso Presidente esortavano gli studenti a imparare a memoria alcune delle citazioni più importanti, ovvero quelle riguardanti l'Esercito di Liberazione Popolare, il Partito e la risoluzione delle contraddizioni tra la classe contadina e quella borghese. La rapida diffusione de *Il Libretto Rosso* all'interno della Repubblica contribuì, tra l'altro, al processo di alfabetizzazione del Paese, la cui popolazione versava per lo più analfabeta. Esso ebbe grande credito anche grazie all'enorme carisma che possedeva il *Grande Timoniere*, il quale predicava la nascita di una Cina esemplare, basata sui principi della filosofia marxista-leninista e rafforzata economicamente dallo sviluppo di industria e agricoltura. Non sono molti i libri che hanno segnato un'epoca. *Il Libretto Rosso* fu tra questi: in Cina come in Occidente e perfino nel Terzo Mondo, la sua influenza fu enorme, la sua diffusione eccezionale, tanto che divenne il secondo libro più letto dopo la Bibbia. In quarant'anni ne sono stati diffusi all'incirca cinque miliardi di esemplari e solo nel 1967, all'apice della Rivoluzione culturale, ne vennero stampati 350 milioni. In Occidente, dove assunse i connotati di un testo esoterico, diversi intellettuali fecero a gara per svelarne gli arcani e intuire, da ogni aforisma, significati profondi da cui perfino le società occidentali avrebbero dovuto trarre ispirazione. Le prime copie originali sono tutt'oggi venerate dai collezionisti, soprattutto l'edizione del 1966, l'unica che porti la prefazione di Lin Piao. Lo stesso infatti, caduto in disgrazia, morì in un presunto incidente aereo nel 1971, e fu successivamente dichiarato traditore. A seguito di ciò, venne imposto di strappare dal libretto - nell'edizione che la conteneva - la prefazione da lui scritta. In Italia, dove *Il Libretto rosso* giunse solo nel 1979, tre anni dopo la morte del leader cinese, quando molte verità scomode su di lui stavano affiorando perfino a Pechino, il testo era accompagnato da una tale venerazione, da trasfigurare il significato letterale delle parole. Benché, nel 1979, sotto la leadership di Deng Xiaoping, l'utilizzo politico de Il libretto Rosso andasse scemando, l'ideologia del Maoismo continuò a influenzare i comunisti di tutto il mondo, compresi movimenti rivoluzionari come i Khmer Rossi in Cambogia, Sendero Luminoso in Perù, il movimento rivoluzionario del Nepal e persino il Partito Comunista Rivoluzionario degli Stati Uniti[4]. Nella Cina continentale, in un'epoca dove la crescita economica ha provocato il dilagare della corruzione, ancora oggi c'è chi guarda positivamente a Mao come a un simbolo di coerenza morale.

---

4 Ndt. I Khmer rossi furono un movimento di guerriglieri comunisti, fondato in Cambogia negli anni Sessanta da Pol Pot, che, dopo il golpe del 1970, si schierò contro l'intervento statunitense e sudvietnamita nel paese. Nel 1975, essi costituirono un regime sanguinario, durante il quale vi furono all'incirca un milione e 700.000 vittime. Abbattuto, nel 1979, il loro potere, seguitarono fino alla fine degli anni Novanta a condurre una guerriglia contro il governo. Nel 2006, l'Onu ha istituito un Tribunale internazionale per giudicarne i crimini. endero luminoso è un movimento rivoluzionario di ispirazione maoista che mirava all'instaurazione di un governo socialista in Perù. Fondato nel 1969 da A. Guzmán Reynoso, iniziò la lotta armata nel 1980. A seguito della cattura del suo fondatore, il movimento si è diviso in tre fazioni, una delle quali, denominata Proseguir, rimane tutt'oggi attiva principalmente nella regione del VRAE, la zona dei fiumi Ene e Apurimac. Nel 1949 venne fondato in Nepal il Partito Comunista del Nepal (CPN) che, nel 1976 partecipò alla fondazione del Movimento Rivoluzionario Internazionalista, che, a partire dal 1989, attraverso meeting, manifesti e murales, pamphlet, articoli sulla stampa, portò avanti la propaganda politica di classe, d'ispirazione maoista. Il Partito Comunista degli Stati Uniti d'America, di ispirazione marxista-leninista è stato fondato nel 1919 da Charles Gutenberg e Louis Fraina. Ad oggi, esso conta all'incirca 15.000 iscritti ed è responsabile di numerose manifestazioni contro l'invasione dell'Afghanistan e dell'Iraq da parte degli Stati Uniti.

Prefazione alla seconda edizione

Il compagno Mao Tze-Tung è senza ombra di dubbio il più grande marxista-leninista della nostra epoca. Egli ha ereditato, preservato e sviluppato il marxismo-leninismo in maniera intelligente, creativa e integrale, portandolo a una fase completamente nuova. Il pensiero di Mao Tze-Tung è il marxismo-leninismo di un'epoca in cui l'imperialismo corre verso una disfatta totale e il socialismo avanza verso il trionfo in tutto il mondo. È una potente arma ideologica da opporre all'imperialismo, al revisionismo e al dogmatismo. Il pensiero di Mao Tze-Tung è il principio guida per il lavoro che deve svolgere il Partito, l'Esercito e il Paese. Motivo per cui, compito fondamentale del Partito, nel lavoro politico e ideologico, è tenere sempre alta la grande bandiera rossa del pensiero di Mao Tze-Tung, armare il nostro popolo con questo pensiero e porlo al comando in ogni campo e attività. Le grandi masse operaie, i contadini, i soldati, quadri rivoluzionari e intellettuali devono assimilare a fondo il pensiero di Mao; occorre che tutti studino le opere del nostro Presidente, che ne seguano gli insegnamenti, che agiscano secondo i suoi precetti e si mostrino sempre ottimi combattenti. Studiando le opere di Mao, è necessario avere bene a mente i problemi da risolvere; studiare e applicare in modo creativo le sue opere; combinare studio e applicazione; apprendere per prima ciò che è reputato più urgente per ottenere risultati immediati e concreti; compiere ogni sforzo per mettere in atto ciò di Mao facciamo nostro. Per impadronirsi del pensiero di Mao bisogna studiarne con assiduità i concetti fondamentali e, meglio ancora, mandare a memoria alcune sue importanti affermazioni e applicarle di continuo. È necessario che i giornali riportino con regolarità stralci delle opere del nostro Presidente che abbiano attinenza con i problemi attuali, perché così tutti siano messi nelle condizioni di apprendere e applicare i suoi insegnamenti. L'esperienza acquisita in questi ultimi anni dalle masse popolari, nello studio e nel l'applicazione creativa delle opere del presidente Mao, testimonia che conoscere le citazioni relative ai problemi che ci troviamo ad affrontare, è un ottimo sistema per ottenere risultati immediati. La pubblicazione su vasta scala delle *Citazioni dalle opere del Presidente Mao Tse-Tung*[5] offre la possibilità a tutti di promuovere l'ideologia del nostro popolo. Da parte nostra, ci auspichiamo che i compagni assimilino quest'opera e, tramite essa, diano impulso al lavoro di costruzione per fare del nostro paese un grande Stato socialista dotato di un'agricoltura, un'industria, una scienza, una cultura e una difesa del nostro territorio nazionale, moderne.

16 dicembre 1966
Lin Piao

---

5 Ndt. Questo il titolo originale dell'opera, occidentalizzato con il nome *Il libretto rosso*.

Capitolo I
Il Partito Comunista

Il nucleo dirigente che sostiene la nostra causa è il Partito Comunista Cinese. La base teorica su cui ha fondamento il nostro pensiero è il marxismo-leninismo[6]. Se si intende mettere in atto una rivoluzione è necessario un Partito rivoluzionario. Senza un Partito rivoluzionario che si basi sulla teoria rivoluzionaria marxista-leninista, è impossibile guidare la classe operaia e le masse popolari a sconfiggere l'imperialismo e i suoi sostenitori[7]. Senza gli sforzi del Partito Comunista Cinese, senza i comunisti cinesi, colonna portante del popolo cinese, la Cina non potrà mai conquistare la propria indipendenza e liberazione, né giungere a un'industrializzazione e modernizzazione della sua agricoltura[8]. Il Partito Comunista Cinese è il nucleo dirigente dell'intero popolo cinese; senza di esso la causa del socialismo non può trionfare[9]. Un Partito disciplinato, armato della teoria marxista-leninista, che fa autocritica ed è legato alle masse popolari; un esercito posto al servizio di questo Partito; un fronte unito di tutte le classi e gruppi rivoluzionari anch'esso sotto la direzione del Partito;

---

6 Discorso d'apertura tenuto alla I sessione della I Assemblea popolare nazionale della Repubblica popolare cinese (15 settembre 1954).

7 "Forze rivoluzionarie di tutto il mondo unitevi, combattete contro l'aggressione imperialista" (novembre 1948, *Opere scelte*, vol. IV).

8 "Sul governo di coalizione" (24 aprile 1945, *Opere scelte*, vol. III).

9 Discorso pronunciato al ricevimento dei delegati al III Concesso Nazionale della Lega della Gioventù cinese (25 maggio, 1957).

ecco le tre principali armi con cui abbiamo sconfitto il nemico[10]. Riporre fiducia nelle masse e nel Partito, sono due precetti fondamentali che non vanno mai delusi. Altrimenti, non potremo mai realizzare niente[11]. Il Partito Comunista Cinese, per mezzo dell'ideologia marxistaleninista, ha portato al nostro popolo un nuovo stile di lavoro che, in stretto legame con le masse popolari, favorendo l'autocritica, coniuga teoria e pratica[12]. Senza teoria rivoluzionaria, senza conoscenza della storia, senza una profonda comprensione del movimento di cui si trova a capo, nessun Partito politico può condurre un grande movimento rivoluzionario alla vittoria[13]. Il movimento di rettifica è, come noi lo definivamo, un "vasto movimento di educazione marxista". E in effetti è lo studio, in tutto il Partito, del marxismo attraverso la critica e l'autocritica. Nel corso di questo movimento, approfondiremo certamente la nostra conoscenza del marxismo[14]. È compito assai difficile assicurare una migliore qualità della vita a centinaia di milioni di cinesi, portare il nostro paese, economicamente e culturalmente arretrato, a mutare in un paese prospero, potente e dotato di un alto livello culturale. Ed è per l'appunto per poterci assumere l'onere di questo gravoso compito, per svolgerlo con competenza e meglio lavorare con tutti gli esterni al Partito, animati da buona volontà e decisi ad attuare le riforme, che dobbiamo, da ora in avanti, intraprendere movimenti di rettifica, provvedendo a una costante epurazione di ciò che è sbagliato[15].

La politica è il punto di partenza di ogni concreta azione di un Partito rivoluzionario e si manifesta nello sviluppo e nei risultati conseguiti dal Partito medesimo. Ogni azione di un Partito rivoluzionario è l'applicazione della sua politica. Se non applica una politica giusta, la applica sbagliata; se non applica cosciente-

---

10 "Sulla dittatura democratica del popolo" (30 giugno 1949, *Opere scelte*, vol. IV).

11 "Sul problema della cooperazione agricola" (31 luglio 1955).

12 "Sul governo di coalizione" (24 aprile 1945 Opere scelte, volume III).

13 "Il ruolo del Partito Comunista Cinese nella guerra nazionale" (ottobre 1938, Opere scelte, vol. II).

14 Discorso alla Conferenza Nazionale del PCC su lavoro di propaganda (12 marzo 1957).

15 Ibid.

mente una determinata politica, la applica alla cieca. Ciò che noi definiamo esperienza è il processo di applicazione di una politica e le conseguenze finali derivanti dalla stessa. Solo attraverso la pratica del popolo, vale a dire attraverso l'esperienza, è possibile verificare se una politica sia giusta o errata e determinare in quale misura lo sia. Ma la pratica degli uomini - e in particolare quella di un Partito rivoluzionario e delle masse rivoluzionarie - è necessariamente vincolata a una politica o a un'altra. Ne consegue che, prima di intraprendere una qualunque azione, è doveroso spiegare ai membri del Partito e alle masse la politica che è stata formulata alla luce delle circostanze. Altrimenti, i membri del Partito e le masse volteranno le spalle alla nostra politica e agiranno alla cieca, applicando una politica errata[16]. Il nostro Partito ha determinato la linea da tenere e la politica generale della rivoluzione cinese, fissando diverse linee specifiche di lavoro e altrettante misure politiche. Pur tuttavia, avviene sovente che molti compagni ricordino le linee specifiche di lavoro e quelle date misure politiche, dimenticando però la linea da seguire e la politica generale del Partito. Laddove questo si verificherà essi saranno dei rivoluzionari ciechi, dei mezzi rivoluzionari dalle idee confuse che, applicando una linea specifica di lavoro e misure politiche particolari, oscillando ora da un lato ora dall'altro, perderanno l'orientamento, pregiudicando il lavoro[17]. Politica e strategia sono la vita stessa del Partito; i compagni dirigenti di ogni livello devono prestare a quelle due cose massima attenzione e mai, in nessun caso, mostrarsi negligenti al riguardo[18].

---

16 "Sulla politica inerente all'industria e al commercio" (27 febbraio 1948, Opere scelte vol. IV).

17 Discorso tenuto a Shansi-Suiyuan, regione liberata, ai quadri dirigenti (1° aprile 1948, Opere scelte, vol. IV).

18 Circolare del 20 marzo 1948 (Opere scelte, vol. IV).

LE CLASSI E LA LOTTA DI CLASSE[19]

Lotta di classe, ovvero alcune classi dominano, altre vengono sottomesse. Questa è da millenni la storia della civiltà. Interpretarla da questa prospettiva è ciò che viene definito materialismo storico; porsi antagonisti a questo punto di vista è ciò che viene definito idealismo storico19. In una società divisa in classi, ogni individuo esiste come membro di una determinata classe e ogni pensiero, senza eccezione, reca in sé un'impronta di classe[20].

Nella società, i cambiamenti sono conseguenti alla crescita dei contrasti interni delle medesime, vale a dire alle contrapposizioni tra le forze produttive e i rapporti di produzione tra le classi, tra il nuovo e il vecchio. È lo sviluppo di questi antagonismi che fa progredire la società, che porta alla sostituzione della vecchia società con la nuova[21]. Lo spietato sfruttamento economico e la crudele oppressione politica operata dalla classe dei proprietari terrieri ha spinto i contadini, in ogni tempo, a continue sommosse... Nella società feudale cinese, sono state soltanto le lotte di classe dei contadini, le insurrezioni e le guerre da loro condotte, la forza motrice dello sviluppo storico[22]. La lotta nazionale è, in ultima analisi, lotta di classe. Tra i bianchi degli Stati Uniti d'America, sono solo gli appartenenti ai circoli dominanti reazionari che vessano i cittadini di colore. Essi non rappresentano in alcun modo gli operai, i contadini, gli intellettuali rivoluzionari e le persone evolute, che formano la stragrande maggioranza della popolazione bianca[23]. È compito nostro dare al popolo un'organizzazione coerente, al fine di abbattere ogni forza reazionaria presente in Cina. Tutto ciò che è reazionario si somiglia e non vi è altro modo per vincerlo se non colpendolo con estrema du-

---

19 Sotto-capitolo del Capitolo 1

20 "Sulla pratica" (luglio 1937, Opere scelte, vol. I)

21 "Sulla contraddizione" (agosto 1957, Opere scelte, vol. I).

22 "La rivoluzione cinese e il Partito Comunista Cinese" (dicembre 1939, Opere scelte, vol. II)

23 "Dichiarazione a sostegno delle minoranze etniche americane e alla loro giusta lotta contro la discriminazione razziale dell'imperialismo americano" (8 agosto 1963).

rezza. È un po' come quando si ramazza il pavimento: laddove la scopa non riesce ad arrivare, la polvere permane[24].

Il nemico non morirà da solo. Tanto i reazionari cinesi quanto le forze di aggressione dell'imperialismo americano in Cina saranno cancellati dalla storia[25]. La rivoluzione non è un pranzo di gala, né tanto meno un'opera letteraria, un dipinto, un ricamo: non la si può fare con altrettanta eleganza, serenità e delicatezza, o con dolcezza, garbo, riguardo e magnanimità. La rivoluzione è un'insurrezione, un atto di violenza tramite il quale una classe ne sovverte un'altra[26]. Chiang Kai-shek[27] cerca sempre di strappare al popolo ogni scampolo di potere e di vantaggio conquistato. E noi? La nostra politica consiste nel rispondergli colpo su colpo, nel batterci per ogni palmo di terra. Noi agiamo di conseguenza, contrastandolo con le sue stesse armi. Chiang Kai-shek, un coltello nella mano sinistra e uno nella destra, cerca sempre d'imporre la guerra al popolo. Seguendo il suo esempio, anche noi impugniamo i nostri coltelli… E come Chiang Kai-shek affila le sue lame, noi rendiamo altrettanto letali le nostre[28]. Chi sono i nostri nemici e chi i nostri amici? Questa è una faccenda di primaria rilevanza per la rivoluzione. Se in passato, in Cina, tutte le lotte rivoluzionare sono state un insuccesso lo si deve soprattutto all'incapacità dei rivoluzionari di unire intorno a loro comprovati amici con i quali attaccare il nemico. Il Partito rivoluzionario è la guida delle masse e mai una rivoluzione può evitare una sconfitta quando il Partito che la promuove conduce le masse su una strada sbagliata. Per essere certi di non portare le

---

24 "La situazione e la nostra politica dopo il successo conseguito nella Guerra di resistenza contro il Giappone" (13 agosto 1945, Opere scelte, vol. IV).

25 "Condurre la rivoluzione fino all'estremo" (30 dicembre 1948, Opere scelte, vol. IV).

26 Rapporto dell'inchiesta sul movimento contadino nello Haman (marzo 1927, Opere scelte, vol. I)

27 Ndt. Chiang Kai-shek (1887 1975) fu un politico cinese. Durante la guerra civile cinese (1926-1949), Chiang guidò la fazione nazionalista in lotta con quella comunista di Mao. Sconfitto, si ritirò con le truppe superstiti a Taiwan, dove proclamò la Repubblica della Cina Nazionale. Alla sua morte, gli succedette il figlio Jiang Qinghuo.

28 "La situazione e la nostra politica dopo il successo conseguito nella Guerra di resistenza contro il Giappone" (13 agosto 1945, Opere scelte, vol. IV).

masse lungo una strada errata e di concludere con successo la rivoluzione, quindi è assolutamente necessario allearci con i nostri amici e con essi avversare quanti a noi ostili. Per distinguere i veri amici dal nemico, è doveroso compiere un'analisi generale della condizione economica in cui vivono le diverse classi della società cinese e del loro rispettivo porsi nei confronti della rivoluzione[29]. Tutti i signori della guerra, i burocrati, la classe dei *compradores*[30] e quella dei grandi proprietari terrieri in combutta con l'imperialismo, come anche quella parte reazionaria degli intellettuali a esse legata, sono i nostri nemici. La forza predominante della nostra rivoluzione è il proletariato industriale. Il semiproletariato e la piccola borghesia sono i nostri amici più stretti. Quanto alla media borghesia, sempre oscillante, l'ala destra può esserci ostile e la sinistra alleata, ma dobbiamo costantemente stare in guardia e non permettere a quest'ultima di portare confusione tra le nostre fila[31]. Chiunque si schieri dalla parte del popolo rivoluzionario è anch'egli un rivoluzionario; chiunque nutra simpatia verso l'imperialismo, il feudalesimo e il capitalismo burocratico è un controrivoluzionario. Chiunque si professi sostenitore del popolo rivoluzionario a parole, ma non nei fatti è un rivoluzionario di poco conto. Chi, invece, professandosi rivoluzionario, lo dimostra concretamente ogni giorno, con le sue azioni, è un vero rivoluzionario[32]. Per mio conto, reputo un male se una persona, un Partito, un esercito o una scuola non vengono attaccati dal nemico, perché ciò significa che si è scesi sullo stesso piano del nemico medesimo. Per cui, è un bene essere avversati dai nemici, poiché questo dimostra che abbiamo scavato, tra noi e i nostri avversari, un profondo solco di demarcazione. Meglio ancora quando il nemico, oltre a contrastarci con violenza, ci dipinge a tinte fo-

---

29 "Analisi della classi nella società cinese" (marzo 1920, Opere scelte, vol. I).

30 Ndt. La classe dei *compradores* era costituita da borghesi, che si ponevano direttamente al servizio dei capitalisti dei paesi imperialisti e avevano legami con le forze feudali del paese. Tutte le grandi banche, le grandi industrie e le grandi società commerciali, legate al capitale straniero, erano pertanto considerate quali appartenenti alla classe dei *compradores*.

31 Ibid.

32 Discorso conclusivo tenuto alla II sessione del I Comitato nazionale della Conferenza consultiva politica del popolo cinese (23 giugno 1950).

sche, poiché tutto ciò sta a testimoniare che non solo si è tracciata una netta linea di demarcazione tra noi e lui, ma che con la nostra azione si sono conseguiti notevoli successi[33]. Dobbiamo sostenere tutto ciò che il nemico combatte e combattere tutto quanto il nemico sostiene[34]. Noi siamo sulle posizioni del proletariato e delle masse popolari. Per i membri del Partito Comunista questo significa conformarsi alla posizione, allo spirito e alla politica del Partito[35]. Una volta annientati i nemici armati, resteranno ancora quelli non armati: e questi, disperati, ci contrasteranno in ogni modo e maniera, per cui non bisogna sottovalutarli. Se fin da ora non prendiamo in seria considerazione la cosa, commetteremo un grave errore[36]. Gli imperialisti e i reazionari interni, mai rassegnati alla sconfitta, combatteranno fino alla fine. Anche quando la pace e l'ordine saranno ristabiliti in tutto il paese, seguiteranno con ogni mezzo a sabotare, tramare, provocare disordini, cercando ogni giorno e ogni minuto di riprendersi il potere che è stato loro sottratto. Questo rende necessario restare vigili e non mollare la presa[37]. In Cina, la trasformazione socialista, per quanto concerne la proprietà è stata completata e le vaste e turbolenti lotte di classe, sostanzialmente concluse. Pur tuttavia persistono ancora residui delle classi disarcionate dei grandi proprietari terrieri e dei *compradores;* la borghesia è ancora presente e la trasformazione della piccola borghesia è appena agli inizi. La lotta di classe non è ancora giunta al termine e in particolare quella tra il proletariato e la borghesia, si prospetta ancora lunga e difficile. Il proletariato cerca di modellare il mondo secondo la sua idea di società come altrettanto fa la borghesia e chi avrà la meglio tra socialismo e capitalismo è una questione

---

33 "Essere attaccati dal nemico è auspicabile" (26 maggio 1939). 34 Intervista (16 settembre 1939, Opere scelte, vol. I).

34 Intervista (16 settembre 1939, Opere scelte, vol. I).

35 Discorso tenuto alla conferenza di Yenan sulla letteratura e l'arte (maggio 1942, Opere scelte, vol. III).

36 Rapporto alla II sessione plenaria del VII Comitato centrale del PCC (5 marzo 1949, Opere scelte, vol. IV).

37 Discorso di apertura alla I sessione plenaria della conferenza consultiva politica del popolo cinese (21 settembre 1949).

ancora da definire[38]. Nel nostro paese, sarà necessario un periodo di tempo ancora abbastanza lungo per decidere l'esito della lotta in campo ideologico tra socialismo e capitalismo. Questo perché l'influenza della borghesia e degli intellettuali provenienti dalla vecchia società sopravvivrà negli anni e altrettanto accadrà alla loro ideologia di classe. Se non si comprende a fondo questo, si rischia di ritenere superfluo il condurre una lotta ideologica, commettendo un errore che potrà esserci fatale[39]. Nel nostro paese l'ideologia borghese e piccolo-borghese, l'ideologia antimarxista resisteranno nel tempo, nonostante il sistema socialista sia ormai, nelle sue linee fondamentali, instaurato. Abbiamo conseguito ampio successo nella trasformazione della proprietà dei mezzi di produzione, ma sul fronte politico e quello ideologico, la vittoria non è ancora completa. Sul piano ideologico, infatti, la questione di chi avrà la meglio tra proletariato e borghesia, non è ancora definita. Dobbiamo condurre una estenuante battaglia contro l'ideologia borghese e piccolo-borghese. Rinunciare alla lotta ideologica sarebbe un grave errore. Tutte le idee poco edificanti, tutte le erbacce velenose, tutti i mostri devono essere criticati e avversati senza dare loro respiro. Ma questa critica deve essere pienamente ragionata, analitica e convincente e mai brutale, burocratica, metafisica o dogmatica[40]. Tanto il dogmatismo quanto il revisionismo si oppongono al marxismo. Il marxismo deve necessariamente avanzare, svilupparsi parallelamente alla pratica, mai essere statico. Se rimanesse stagnante e stereotipato andrebbe incontro alla disfatta. Tuttavia, non si possono violare i principi fondamentali del marxismo senza cadere nell'errore. Considerare il marxismo dal punto di vista metafisico, come qualcosa di immutabile, è dogmatismo. Negare i principi basilari e la verità universale del marxismo è revisionismo, vale a dire una forma d'ideologia borghese. I revisionisti tendono ad annullare ogni differenza tra socialismo e capitalismo, tra dittatura del pro-

---

38 "Sulla corretta soluzione delle contraddizioni in seno al popolo" (27 febbraio 1957).

39 Ibid.

40 Discorso tenuto alla Conferenza nazionale del PCC in merito al discorso di propaganda (12 marzo 1957

letariato e dittatura della borghesia. Ciò che essi sostengono non è la linea socialista, bensì quella capitalista. Nelle circostanze attuali, il revisionismo è ancora più nocivo del dogmatismo. Per cui uno dei nostri compiti più importanti sul fronte ideologico è quello di criticare il revisionismo[41]. Il revisionismo, od opportunismo di destra, è una corrente ideologica borghese, più pericolosa del dogmatismo. I revisionisti, a parole, approvano il marxismo e anch'essi attaccano il dogmatismo. Ma in realtà i loro attacchi sono diretti contro la sostanza stessa del marxismo. Essi avversano o snaturano il materialismo o la dialettica, contrastano o tentano di indebolire la dittatura democratica popolare e il ruolo predominante del PCC, come pure la trasformazione e la costruzione del socialismo. Anche se nel nostro paese la rivoluzione socialista ha conquistato la vittoria, vi sono ancora un certo numero di persone che cospirano per restaurare il sistema capitalista, che combattono la classe operaia su tutti i fronti, compreso quello ideologico. In questa lotta, i revisionisti sono i loro migliori alleati[42].

SOCIALISMO E COMUNISMO

Il comunismo è l'espressione integrale dell'ideologia proletaria e al contempo, un nuovo sistema che differisce da ogni altra ossatura sociale perché è il più progressista, il più rivoluzionario e il più razionale di tutta la storia dell'umanità. L'ideologia e il sistema sociale del feudalesimo sono ormai reperti archeologici da museo. L'ideologia e il sistema sociale del capitalismo lo sono già anch'essi in una parte del mondo (URSS) e altrove rammentano "un moribondo in rapido declino come il sole dietro le colline che si stagliano ad Ovest", per cui presto saranno una cosa a noi lontana. Solo l'ideologia e il sistema sociale del comunismo si diffondono ovunque nel mondo con l'irruenza della valanga

---

41 Ibid.

42 "Sulla corretta soluzione delle contraddizioni in seno al popolo" (27 febbraio 1957).

e la forza della folgore, pieni di giovinezza e vitalità[43]. Il sistema socialista non tarderà a sostituirsi a quello capitalista: e questo avverrà a prescindere dalla volontà dell'uomo. Per quanto i reazionari si provino a fermare il corso della storia, prima o poi la rivoluzione si diffonderà ovunque e sarà inevitabilmente coronata dalla vittoria[44]. Noi comunisti non dissimuliamo mai le nostre idee politiche: il nostro obiettivo è condurre la Cina al socialismo e al comunismo. Il nome del nostro Partito e la nostra concezione marxista del mondo indicano chiaramente quale sia il nostro ideale da realizzare in avvenire, un ideale infinitamente bello e radioso[45]. Il fine della rivoluzione socialista consiste nel liberare le forze produttive. La trasformazione della proprietà individuale in proprietà comune socialista nell'agricoltura e nell'artigianato, della proprietà capitalista in proprietà socialista nell'industria e nel commercio porterà per forza di cose a una notevole liberazione delle forze produttive. Saranno così create le condizioni sociali per un enorme sviluppo della produzione industriale e agricola[46]. Stiamo conducendo ora non solamente una rivoluzione del sistema sociale, che muta la proprietà privata in bene comune, ma anche una rivoluzione della tecnica, che porta la produzione artigianale allo stadio della grande produzione meccanizzata moderna. Queste due rivoluzioni sono interdipendenti. Nel settore agricolo, vista la condizione in cui versa il nostro paese, la cooperazione deve precedere l'impiego di grandi macchinari. Di conseguenza, non si possono considerare campi distinti l'industria e l'agricoltura e, nell'operare la trasformazione socialista di questi due settori, non bisogna dare a una parte prevalenza sull'altra[47].

Il nuovo sistema sociale appena instaurato necessita di un periodo di consolidamento. Se si ritiene possibile che, appena apportato, esso sia stabile e già radicato, si è in errore perché si

---

43 "Sulla nuova democrazia" (gennaio 1948, Opere scelte, vol. II).

44 Intervento alla riunione del Soviet Supremo (Urss) per la celebrazione del XL anniversario della Rivoluzione socialista di ottobre (6 novembre 1957)

45 "Sul governo di coalizione" (24 aprile 1945, Opere scelte, vol. II).

46 Discorso tenuto alla Conferenza Suprema di Stato (25 gennaio 1956).

47 "Sul problema della cooperazione agricola" (31 luglio 1955).

crede all'impossibile. Il suo consolidamento può avvenire solo gradualmente. E per raggiungerlo è necessario non solo rendere concreta l'industrializzazione del paese e perseverare nella rivoluzione socialista sul piano economico, ma anche condurre sui piani politico e ideologico, costanti e dure lotte per educare le masse al socialismo[48]. Nel nostro paese, la lotta per il radicamento del sistema socialista, la lotta che deciderà la vittoria del socialismo o del capitalismo, si protrarrà ancora per lungo tempo. Ma è certo che il sistema socialista non mancherà di consolidarsi. Noi possiamo con assoluta certezza costruire un paese socialista dotato di un'industria, di un'agricoltura, di una scienza e di una cultura moderne[49]. Il numero di intellettuali ostili al nostro Stato è estremamente limitato. Si tratta di gente che, non gradendo che il nostro Stato trovi fondamento sulla dittatura del proletariato, rimpiange la vecchia società. Alla minima occasione favoriscono disordini, cercano di rovesciare il Partito Comunista e di riportare in sella il precedente regime. Tra la via del proletariato e quella della borghesia, tra quella del socialismo e quella del capitalismo, si ostinano a seguire la seconda. E, poiché questa è impraticabile, sono pronti a schierarsi a fianco dell'imperialismo, del feudalesimo e del capitalismo burocratico. Soggetti di tal fatta se ne incontra negli ambienti politici, nell'industria, nel commercio, nella cultura, nella scuola e nelle scienze. Essi sono reazionari[50].

Il problema di più difficile risoluzione riguarda l'educazione dei contadini. L'economia contadina è dispersa e la trasformazione socialista dell'agricoltura, a giudicare dall'esperienza dell'Unione Sovietica, richiederà tempo e lavoro. Senza socializzazione del settore agricolo, non potrà mai esserci un socialismo coerente, integrale e radicato[51]. Si rende necessario che noi si sia innanzitutto persuasi: primo, che le masse contadine siano pronte a procedere spedite, seppure in maniera graduale e sotto la guida

---

48 Discorso tenuto alla Conferenza nazionale del PCC sul lavoro di propaganda (12 marzo 1957).

49 Ibid.

50 Ibid.

51 "Sulla dittatura democratica popolare" (30 giugno 1949, Opere scelte, vol. IV)

del Partito, sulla strada del socialismo; secondo, che il Partito sia capace di condurre le masse su quella strada. Questi due punti costituiscono l'essenza del problema e riflettono la tendenza generale[52]. Gli organi dirigenti delle cooperative debbono assicurare al loro interno la prevalenza degli attuali contadini poveri e dei nuovi contadini medi dello strato inferiore; essi avranno come forza complementare i vecchi contadini medi dello strato inferiore e quelli medi dello strato superiore, vecchi e nuovi. Solo in questo modo sarà possibile, conformemente alla politica del Partito, realizzare l'unità dei contadini poveri con quelli medi, consolidare le cooperative, sviluppare la produzione e attuare in modo corretto la trasformazione socialista in tutte le zone rurali. Altrimenti, l'unità dei contadini medi con quelli poveri e quanto sopra, rimarranno progetti irrealizzabili[53].

È necessario allearci ai contadini medi: impensabile appare agire diversamente. Ma su chi possono fare affidamento, nelle nostre campagne, la classe operaia e il Partito Comunista per unirsi ai contadini medi e realizzare la trasformazione socialista di tutte le zone rurali? Senza dubbio, solamente sui contadini poveri. Così è stato quando abbiamo combattuto contro i proprietari terrieri e realizzata la riforma agraria; così è oggi, nel momento in cui avversiamo i contadini ricchi e ogni altro organismo capitalista per mettere mano alla trasformazione socialista dell'agricoltura. All'inizio di queste due fasi rivoluzionarie, i contadini medi si sono sempre mostrati titubanti. Essi passeranno dalla nostra parte solamente quando avvertiranno prossimo il trionfo della rivoluzione. I contadini poveri devono fare opera di persuasione su di loro, conquistarli, portarli dalla nostra parte, affinché la rivoluzione di giorno in giorno si propaghi, fino a raggiungere la vittoria finale[54]. Tra i contadini agiati esiste una tendenza al capitalismo da non sottovalutare. Essa dilagherà se non vi porremo

---

52 "Sul problema della cooperazione agricola" (31 luglio 1955).

53 Nota introduttiva all'articolo: "Come la direzione della cooperativa Wutang sia passata dai contadini medi a quelli poveri" (1955).

54 Nota introduttiva all'articolo: "Lezioni tratte dalla comparsa nel distretto di Uan delle cooperative di contadini medi e di quelle dei contadini poveri" (1955).

freno in maniera decisa e se verremo meno, nel lungo periodo, al nostro impegno politico tra i contadini[55]. Il movimento per le cooperative agricole è consistito, fin dal principio, in una seria lotta ideologica e politica. Nessuna cooperativa può essere fondata in mancanza di una lotta di questo genere. Per edificare, in sostituzione del vecchio, un sistema sociale completamente nuovo, bisogna innanzitutto sgombrare il terreno. Nella memoria della gente, rimarranno a lungo impressi residuati dell'ideologia che riflettono il vecchio sistema e non sarà cosa semplice cancellarli. Una cooperativa deve, dopo la sua creazione, affrontare ancora molte battaglie prima di radicarsi e anche dopo il suo consolidamento, rischierà di naufragare qualora i suoi sforzi tendano ad attenuarsi[56].

In questi ultimi anni, nelle campagne, le forze spontanee del capitalismo sono cresciute di giorno in giorno e un po' ovunque si registrano nuovi contadini ricchi e molti contadini medi benestanti che tentano di arricchirsi. Allo stesso modo, molti contadini poveri, non disponendo di mezzi di produzione, vivono nell'indigenza; alcuni sono indebitati, altri hanno venduto o affittato la loro terra. Se non interverremo prontamente, il fenomeno di polarizzazione andrà ad aggravarsi ulteriormente. I contadini che perdono la terra e quelli che permangono in povertà ci rimprovereranno di non fare niente per salvarli dalla rovina e di non aiutarli ad affrontare le loro difficoltà. Inoltre, anche i contadini medi benestanti, che guardano con favore al capitalismo, non saranno contenti di noi perché, a meno di non imboccare la strada del capitalismo, non potremo mai accogliere le loro richieste. In una situazione del genere, può l'alleanza tra operai e contadini continuare a consolidarsi? Questo problema ha una sola soluzione: pur procedendo gradualmente all'industrializzazione e alla trasformazione socialista dell'artigianato, dell'industria e del commercio di stampo capitalista, si deve, nel contempo, procedere a una trasformazione socialista dell'agricoltura nel suo

---

55 Nota induttiva all'articolo: "Si rende necessario condurre una lotta risoluta contro la tendenza al capitalismo" (1955)

56 Nota introduttiva all'articolo: "Una dura lezione" (1955).

insieme; in altre parole, si deve mettere in pratica la cooperazione, cancellare l'economia dei contadini ricchi e quella individuale delle regioni rurali, in modo che l'intera popolazione di quelle aree possa vivere nel benessere. A nostro avviso, solo in questo modo l'alleanza tra operai e contadini potrà consolidarsi[57].

Per pianificazione globale intendiamo quella che tiene conto degli interessi generali dei seicento milioni di abitanti del nostro paese, E quando stabiliamo un piano, trattiamo una questione o riflettiamo su un problema è doveroso portare sempre rispetto a quel numero di nostri connazionali[58]. Oltre alla direzione del Partito, un fattore decisivo è l'ingente popolazione su cui possiamo contare. Quanta più gente c'è, maggiore è il fermento delle idee, l'entusiasmo e l'energia. Le masse popolari non sono mai state tanto entusiaste e altrettanto si può dire del loro morale e della loro voglia di combattere[59]. Ciò che caratterizza maggiormente i nostri seicento milioni di abitanti è la grande povertà e arretratezza. Al primo impatto questa può apparire una cosa negativa, ma in realtà così non è. La povertà genera il desiderio di cambiamento, spinge all'azione, alla rivoluzione. E su un foglio bianco si può scrivere e disegnare quanto vi è di più nuovo e più bello[60]. Quando la rivoluzione avrà trionfato in tutto il paese e il problema agrario sarà risolto, rimarranno ancora due contraddizioni fondamentali in Cina. La prima, di ordine interno, concerne la classe operaia e quella borghese. La seconda, di ordine esterno, la Cina e i paesi imperialisti. Ed è per queste ragioni che, dopo la vittoria della rivoluzione democratica popolare, il potere statale della repubblica popolare sotto la direzione della classe operaia non dovrà essere indebolito, ma rafforzato[61].

"Dunque, voi non intendete limitare il potere dello stato?". Lo vogliamo, ma al momento non è possibile percorrere quella

---

57 "Sul problema della cooperazione agricola" (3 luglio 1955).

58 "Sulla giusta soluzione delle contraddizioni in seno al popolo" (27 febbraio 1957)

59 "All'inaugurazione di una cooperativa" (15 aprile 1958).

60 Ibid.

61 Rapporto alla II sessione plenaria del VII Comitato Centrale del PCC (5 marzo 1949, Opere scelte, vol. IV).

strada. Perché? Perché l'imperialismo è più vivo e agguerrito che mai, perché nel nostro paese esistono ancora frange reazionarie e classi sociali. Per cui, in questo contesto, è nostro compito rafforzare l'apparato statale del popolo e in particolare l'esercito, la polizia e la giustizia popolare, al fine di consolidare la difesa nazionale e proteggere gli interessi del popolo[62].

Il nostro stato è sorretto da una dittatura democratica popolare capeggiata dalla classe operaia, frutto dell'alleanza tra operai e contadini. Quali sono i compiti cui deve assolvere questa dittatura? Il primo consiste nel reprimere, all'interno del paese, le classi, i soggetti reazionari, tutti coloro che si oppongono alla rivoluzione socialista e coloro che la avversano, tramando contro di lei: insomma, si tratta di risolvere le contraddizioni interne tra il nemico e noi. Per esempio, di trarre in arresto, giudicare e condannare certi controrivoluzionari e per un certo periodo, privare, i proprietari terrieri e i capitalisti burocratici del diritto di voto e della libertà di espressione; tutte cose già previste nella nostra dittatura. Per mantenere l'ordine pubblico e tutelare gli interessi delle masse popolari, è altrettanto necessario esercitare la dittatura sui ladri, i truffatori, gli assassini, gli incendiari, le bande di teppisti e gli altri cattivi elementi che turbano la serenità del popolo. Il secondo compito della nostra dittatura è difendere il paese dalle attività sovversive e dalle eventuali aggressioni dei nemici esterni. In questo caso, la dittatura ha il dovere di risolvere sul piano esterno le contraddizioni venutesi a creare tra il nemico e noi. Inoltre, il fine della dittatura è proteggere tutto il nostro popolo, in modo che esso possa dedicarsi pacificamente al lavoro e trasformare la Cina in un paese socialista dotato di un'industria, di una agricoltura, di una scienza e di una cultura all'avanguardia[63].

La dittatura democratica popolare necessita di essere capeggiata dalla classe operaia, perché essa è la classe più lungimirante e disinteressata, la classe dotata dello spirito rivoluzionario più coerente. L'intera storia della rivoluzione dimostra che, senza la

---

62 "Sulla dittatura democratica popolare" (30 giugno 1949, Op.scelte, vol IV).

63 "Sulla giusta soluzione delle contraddizioni in seno al popolo" (27 febbraio 1957).

guida della classe operaia, la rivoluzione è destinata al fallimento, mentre, sotto la direzione della classe operaia, trionfa[64]. La dittatura democratica popolare si basa sull'alleanza tra la classe operaia, la classe contadina, la piccola borghesia urbana e principalmente sull'alleanza tra gli operai e i contadini, perché queste due classi rappresentano la quasi totalità della popolazione cinese. Inoltre, esse costituiscono la principale forza che ha rovesciato l'imperialismo e la cricca reazionaria del Kuomintang[65]. E il passaggio dalla nuova democrazia al socialismo poggia essenzialmente sulla loro alleanza[66]. La lotta di classe, la lotta per la produzione e la ricerca scientifica rappresentano i tre grandi movimenti rivoluzionari per la costruzione di un potente paese socialista. Questi movimenti oltre a costituire la garanzia che i comunisti non cadranno mai nel burocratismo, nel revisionismo, nel dogmatismo, li renderanno invincibili. Rappresentano la certezza che il proletariato saprà unirsi alle grandi masse lavoratrici per realizzare una dittatura democratica.

Se, in assenza di questi movimenti, lasciassimo campo libero ai proprietari fondiari, ai contadini ricchi, ai controrivoluzionari, ai pessimi elementi, ai mostri, perché i nostri quadri dirigenti hanno chiuso gli occhi e molti di loro non distinguono più tra il nemico e noi, perché si sono lasciati corrompere o, demotivati, si sono fatti trascinare in campo nemico, oppure hanno dato la possibilità a quest'ultimo di infiltrarsi nelle sue file, lasciando i nostri operai, i contadini e gli intellettuali facile preda delle seduzioni o delle intimidazioni del nemico, allora non passerebbe molto tempo, qualche anno, al massimo un decennio, che una restaurazione controrivoluzionaria avrebbe luogo su campo nazionale. E allora, il Partito marxista-leninista diverrebbe un Partito revisionista, un Partito fascista e tutta la Cina cambiereb-

---

64 "In merito alla dittatura democratica popolare" (30 giugno 1949, Opere scelte, vol. IV)
65 Ndt. Il Kuomintang (KMT) è un Partito politico della Repubblica di Cina. Fondato nel 1912 subito dopo la Rivoluzione che rovesciò la dinastia Qing e impose in Cina la Repubblica, fu successivamente guidato da Chiang Kai-shek e governò dal 1928 gran parte della Cina fino al suo ritiro a Taiwan nel 1949, dopo essere stato sconfitto dal Partito Comunista nel corso della guerra civile cinese
66 Ibid.

be colore[67]. La dittatura democratica popolare si avvale di due diversi modi di porsi: nei confronti dei nemici mette in campo il potere dittatoriale, cioè non permette loro di partecipare ad alcuna attività politica per il periodo che è ritenuto opportuno, li obbliga a sottomettersi alle leggi del governo popolare e li costringe a lavorare perché, attraverso il lavoro, si trasformino in uomini nuovi. Nei confronti del popolo, invece, si serve della democrazia, ovvero gli consente di partecipare all'attività politica senza alcuna restrizione, né lo costringe a fare una cosa o un'altra, utilizzando la democrazia come modello educativo e di persuasione[68]. Il popolo cinese, sotto la direzione del Partito Comunista, porta avanti un vigoroso dibattito di rettifica, allo scopo di dare rapido slancio alla causa del socialismo e farlo crescere su fondamenta solide. Questa discussione, che si svolge su scala nazionale, libera e al tempo stesso guidata, affronta nei fatti le tematiche più svariate: essa si tiene tanto nei centri urbani, quanto nelle campagne e verte sulle questioni della scelta socialista e della scelta capitalista, dei precetti su cui verte il nostro sistema, sulle principali misure politiche adottate dallo Stato, sul tipo di lavoro svolto dai funzionari di Partito e di Governo, sul benessere del popolo. Essa ha il fine di risolvere nel modo corretto le diverse contraddizioni che sussistono nel popolo, le quali richiedono una soluzione rapida. Si tratta quindi di un movimento socialista mediante il quale il popolo si educa e si rimodella da sé stesso[69]. Il nostro grandioso lavoro di edificazione ci pone di fronte a un compito estremamente arduo. Sebbene i membri del Partito Comunista siano oltre dieci milioni essi non rappresentano che una minima parte del nostro paese. Nei nostri organismi governativi, nelle organizzazioni e nelle imprese pubbliche, gran parte del lavoro deve essere portato avanti da gente esterna al Partito. Se non saremo capaci di appoggiarci alle masse popolari e di collabora-

---

67 In "Il falso comunismo di Krusciov e le lezioni storiche che dà al mondo" (14 luglio 1964).
68 Discorso di chiusura alla II sessione del I Comitato Nazionale della Conferenza consultiva politica del popolo cinese (23 giugno 1950).
69 Intervento alla riunione del Soviet Supremo dell'URSS in occasione della celebrazione dell'XL anniversario della Rivoluzione Socialista di Ottobre (6 novembre 1957).

re con coloro che non militano nel Partito, ci sarà impossibile portare a compimento la nostra missione. Rafforzando l'unità dell'intero Partito, dobbiamo continuare quindi a rinsaldare l'unità nazionale delle classi democratiche, dei partiti democratici e delle organizzazioni popolari, consolidando e ampliando il nostro fronte unito democratico popolare. In ogni settore, siamo tenuti a eliminare ogni manifestazione malsana che compromette l'unione del Partito con il popolo70[70].

LA GIUSTA SOLUZIONE ALLE CONTRADDIZIONI IN SENO AL POPOLO

Ci troviamo di fronte a due generi di contraddizioni sociali: quelle tra il nemico e noi e quelle in seno al popolo: si tratta di due tipi di contraddizioni estremamente diverse[71]. Per comprendere esattamente queste due diverse tipologie di contraddizioni è doveroso innanzitutto precisare cosa si intende per "popolo" e cosa per nemico". [...] Nella fase attuale di edificazione socialista, tutte le classi, gli strati sociali e i gruppi che approvano e favoriscono questa edificazione, prendendovi parte, formano il popolo, mentre tutte le altre forze sociali che vi si oppongono o la sabotano sono i nemici del popolo[72]. Nelle condizioni in cui versa attualmente il nostro paese, le contraddizioni in seno al popolo comprendono quelle della classe operaia, di quella contadina, degli intellettuali, quelle che oppongono la classe operaia a quella contadina, gli operai agli altri lavoratori alla borghesia etc. Il nostro governo popolare, essendo al servizio del popolo, lo rappresenta: eppure, anche in questo sussistono delle contraddizioni. Esse riguardano quelle intercorrenti tra gli interessi dello Stato, della collettività e dell'individuo, tra la democrazia e il centralismo, tra chi dirige e chi è diretto, tra certi funzionari di Sta-

---

70 Discorso di apertura all'VIII Congresso nazionale del PCC (15 settembre 1956).
71 Sulla giusta soluzione alle contraddizioni in seno al popolo (27 febbraio 1957)
72 Ibid.

to che si avvalgono di uno stile di lavoro burocratico e le masse popolari. In generale, le contraddizioni in seno al popolo trovano fondamento sul carattere nazionale degli interessi del popolo stesso[73]. Le contraddizioni tra il nemico e noi sono di carattere antagonista. In seno al popolo quelle tra i lavoratori non lo sono mentre tra le classi sfruttate e le classi sfruttatrici si rilevano sia aspetti antagonisti che non antagonisti[74]. Come determinare, nel quadro della vita politica del nostro popolo, se le nostre parole e azioni sono corrette o errate? Prendendo a riferimento i principi della nostra Costituzione, la volontà della stragrande maggioranza del nostro popolo e le posizioni politiche comuni rese note in più occasioni dai partiti e i gruppi politici del nostro paese, riteniamo sia possibile formulare a grandi linee i sei seguenti criteri:

1. Parole e azioni devono contribuire a unire e mai a dividere le diverse regioni del nostro paese.

2. Parole e azioni devono favorire, non pregiudicare, la trasformazione e l'educazione socialista.

3. Parole e azioni devono contribuire a rafforzare, non a indebolire, la dittatura democratica popolare.

4. Parole e azioni devono servire a consolidare, non a minare il centralismo democratico.

5. Parole e azione devono valere a rafforzare, non a scardinare, la direzione del Partito Comunista.

6. Parole e azioni devono incentivare, non danneggiare, l'unità socialista internazionale e l'unità dei popoli che vogliono un mondo senza guerre.

Di questi criteri, i più importanti sono da ritenersi quello della via socialista e quello del ruolo dirigente del Partito[75].

L'eliminazione dei controrivoluzionari è una battaglia che rientra nel campo delle contraddizioni tra noi e il nemico. Tra il popolo, c'è ancora chi vede questa questione a suo modo e in particolare vi sono due categorie di persone che hanno punti di vista diversi dal nostro. Coloro che hanno idee di destra, non facendo

---

73 Ibid.

74 Ibid.

75 Ibid.

alcuna distinzione tra noi e i nostri nemici, considerano amici proprio quelli che le ampie masse reputano nemici. Invece, coloro che si collocano a sinistra allargano talmente il campo delle contraddizioni tra il nemico e noi da arrivare a giudicare controrivoluzionari persone che in realtà non lo sono. Entrambi questi punti di vista sono sbagliati perché né l'uno né l'altro permettono di risolvere nella maniera più corretta la questione dell'eliminazione dei controrivoluzionari, né di valutare con cognizione di causa i risultati conseguiti in questo senso dal nostro lavoro[76]. Contraddizioni qualitativamente diverse possono essere risolte solo avvalendosi di metodi qualitativamente differenti. Ad esempio, quella tra proletariato e borghesia è appianabile con i criteri della rivoluzione socialista; la contraddizione tra masse popolari e sistema feudale, con i criteri della rivoluzione democratica; tra le colonie e l'imperialismo, con il metodo della guerra rivoluzionaria nazionale; tra la classe operaia e la classe contadina nella società socialista, con la collettivizzazione e la meccanizzazione del comparto agricolo; quelle in seno al Partito Comunista utilizzando la critica e l'autocritica; tra società e natura tramite lo sviluppo delle forze produttive [...]. Risolvere differenti contraddizioni con differenti metodi è un principio che i marxisti-leninisti sono tenuti a osservare rigorosamente[77]. Le contraddizioni tra il nemico e noi e quelle in seno al popolo, essendo di natura differente, richiedono piani di intervento diversi. Nel primo caso si tratta innanzitutto di porre in evidenza cosa ci distingue dal nemico, nel secondo di tracciare netta una linea di demarcazione tra ciò che è giusto e ciò che è sbagliato. Ovviamente, mettere in risalto ciò che ci distingue dal nemico, già pone sotto gli occhi di tutti ciò che è giusto e quanto è sbagliato. Per portare un esempio, la questione su chi si trova nel giusto tra noi e i reazionari interni ed esterni, gli imperialisti, i feudatari e i capitalisti burocratici, seppure appartenga alla categoria del giusto o dello sbagliato, per sua natura è compresa in una categoria assai diversa dalla questione

---

76 Ibid.

77 "Sulle contraddizioni" (agosto 1957, Opere scelte, vol. I).

del giusto e dello sbagliato in seno al popolo[78].

Ogni faccenda di natura ideologica e ogni questione controversa in seno al popolo possono essere risolte solo con il metodo democratico, per mezzo della discussione, della critica, della persuasione, dell'educazione e mai con la coercizione e la repressione[79]. Per essere in grado di portare avanti la produzione e lo studio con profitto, e organizzare la propria esistenza nella maniera più adeguata, il popolo esige che il suo governo e coloro che sono a capo della produzione e delle istituzioni scolastiche e culturali, emanino appropriati provvedimenti amministrativi di natura coercitiva. Il buon senso indica che il mantenimento dell'ordine pubblico sarebbe impensabile in assenza di opportune regole amministrative. Nel risolvere le contraddizioni in seno al popolo, i provvedimenti amministrativi e i metodi di persuasione e di educazione si completano a vicenda. Persino le regole amministrative dirette a mantenere l'ordine pubblico devono essere accompagnate dalla persuasione e dall'educazione poiché, in molti casi, altrimenti risulterebbero inefficaci[80]. È naturale che la borghesia e la piccola borghesia manifestino le loro idee. Esse si ostineranno a esprimersi su faccende politiche e ideologiche con ogni mezzo a loro disposizione. Non possiamo attenderci che agiscano diversamente. Noi non dobbiamo impedire loro di esprimersi ricorrendo al metodo della repressione, ma contrastarli con la dialettica, criticare le loro posizioni con cognizione di causa. Osteggiare con argomentazioni ineccepibili le idee sbagliate in ogni genere di discussione. Non sarebbe opportuno, né corretto astenersi dal criticarle, lasciando che si diffondano incontrollate tra la gente. Gli errori devono essere criticati come le erbe velenose estirpate ovunque compaiano. Però, questa critica non deve assolutamente essere dogmatica, ma dialettica. Ciò che si richiede è di fronteggiare ogni idea malsana con un'analisi rigorosamente scientifica e argomentazioni convincenti[81]. I difetti

---

78 "Sulla giusta soluzione delle contraddizioni in seno al popolo" (27 febbraio 1957).

79 Ibid.

80 Ibid.

81 Ibid.

del popolo è doveroso criticarli, ma partendo sempre dalle posizioni del popolo medesimo, perché la nostra critica deve trasmettere il desiderio che abbiamo di proteggerlo e educarlo. Trattare i compagni come nemici significa essere identificati tra quelli e porsi sullo stesso piano di coloro che combattiamo[82]. I metodi per risolvere le contraddizioni, vale a dire le forme di lotta, sono diversi a seconda del carattere che esse hanno. Alcune contraddizioni sono caratterizzate da un aperto antagonismo, altre no. Conformemente allo sviluppo concreto delle cose, alcune contraddizioni inizialmente non antagoniste lo diventano, mentre altre in precedenza antagoniste, percorrono la strada inversa[83]. In circostanze normali, le contraddizioni in seno al popolo non sono antagoniste, ma se non sono trattate in modo adeguato, laddove sottovalutate, possono divenirlo. In un paese socialista, un tale sviluppo è per lo più un fenomeno localizzato e temporaneo perché, essendo stata abolito il sistema di sfruttamento dell'uomo sull'uomo, gli interessi di tutto il popolo coincidono[84].

Nel nostro paese, le contraddizioni tra la classe operaia e la borghesia nazionale sono da iscrivere nella lista delle contraddizioni in seno al popolo perché generalmente la borghesia nazionale cinese assume un duplice carattere. Nel periodo della rivoluzione democratica borghese essa presentava un carattere rivoluzionario e, al tempo stesso, tendente al compromesso. Nel periodo della rivoluzione socialista, lo sfruttamento della classe operaia al fine di trarne profitto rappresenta un aspetto del carattere della borghesia nazionale, mentre il suo sostegno alla Costituzione e la sua tendenza ad accettare la rivoluzione socialista rappresentano l'altro aspetto. La borghesia nazionale differisce dagli imperialisti, dalla classe dei proprietari terrieri e dai capitalisti burocratici. La contraddizione tra borghesia nazionale e classe operaia, essendo inerente al rapporto tra sfruttatori e sfruttati, è per sua stessa natura antagonista. Nella situazione attuale in cui

---

82 Discorso tenuto alla Conferenza di Yeman sulla letteratura e l'arte (maggio 1942, Opere scelte, vol. III).

83 "Sulla contraddizione" (agosto 1957, Opere scelte, vol. I).

84 "Sulla giusta soluzione alle contraddizioni in seno al popolo" (27 febbraio 1957).

versa la Cina, questa contraddizione di natura antagonista può essere trasformata in non antagonista e risolta pacificamente. Ma essa muterà in contraddizione tra il nemico e noi se non la affrontiamo nel modo appropriato e non seguiamo, nei confronti della borghesia nazionale, una politica di unità, di critica e di educazione o se la borghesia nazionale si mostra restia ad accettare una tale politica[85]. In un paese socialista, i reazionari, in connivenza con gli imperialisti, approfittano delle contraddizioni in seno al popolo per fomentare dissenso e creare disordini al fine di mettere in pratica trame a noi ostili. E su questo punto, quanto avvenuto in Ungheria[86] deve farci riflettere attentamente[87].

SULLA GUERRA E SULLA PACE

La guerra, iniziata con la comparsa delle classi e della proprietà privata, è la più importante forma di lotta per risolvere, in una certa fase del loro sviluppo, le contraddizioni tra classi, nazioni o fazioni politiche[88].

"La guerra è il proseguo della politica".

In questo senso, la guerra è politica; d'altronde essa è un atto politico sin dall'antichità e non vi è mai stato un conflitto che non avesse carattere politico [...]. Ma la guerra ha sue particolari caratteristiche, per cui non può essere identificata con la politica a prescindere. "La guerra è il proseguo della politica tramite altri

---

85 Ibid.

86 Ndt. Il 23 ottobre 1956 ebbe inizio in Ungheria la Rivoluzione Ungherese, una sollevazione armata contro la dittatura di Matyas Rakosi, segretario generale del Partito Comunista Ungherese e di fatto leader del paese, e contro la presenza sovietica in Ungheria. Il 4 novembre l'Armata Rossa arrivò alle porte di Budapest con circa 200.000 uomini e 4000 carri armati, dando inizio alla repressione. Nonostante l'accanita resistenza nei centri operai, la superiorità sovietica era tale da non lasciare loro alcuno scampo. In pochi giorni, la rivoluzione venne sedata nel sangue, provocando la morte di oltre 2600 ungheresi. In seguito, il capo del Partito Socialista Operaio Ungherese, Janos Kadar formò un nuovo governo col supporto dell'URSS, che decise di aumentare il suo controllo sull'Ungheria.

87 "Sulla giusta soluzione alle contraddizioni in seno al popolo" (27 febbraio 1957)

88 "Problemi strategici della guerra rivoluzionaria in Cina" (dicembre 1936, Opere scelte vol. I).

mezzi". Quando la politica raggiunge un certo stadio di sviluppo che non può essere valicato con i mezzi abituali, ha inizio la guerra per liberare la strada dagli ostacoli che ne intralciano l'operato [...]. Quando l'ostacolo è rimosso e il fine politico conseguito, la guerra ha termine. Ma qualora l'ostacolo non sia completamente stato annientato, il conflitto riprenderà fino a quando lo scopo sia definitivamente raggiunto [...]. Non è azzardato quindi dichiarare che la politica è guerra senza spargimento di sangue e che la guerra è politica che provoca morti[89]. La storia testimonia che le guerre si possono dividere in due categorie: quelle giuste e quelle ingiuste. Tutte le guerre progressiste sono giuste e tutte quelle che intralciano il progresso non lo sono. Noi comunisti ci opponiamo a tutte le guerre ingiuste che impediscono il progresso, ma non ci opponiamo alle guerre giuste, quelle progressiste, alle quali partecipiamo attivamente.

La Prima Guerra Mondiale è un esempio di conflitto ingiusto: i due fronti combattevano per interessi imperialistici ed è appunto per questo che i comunisti di tutto il mondo vi si opposero decisamente. Il mezzo per avversare una guerra di tale portata è lavorare al massimo delle proprie possibilità per impedire che scoppi, ma una volta iniziata, è necessario opporsi alla guerra con la guerra, contrastare la guerra ingiusta con una guerra giusta[90]. In una società divisa in classi, le insurrezioni e le guerre rivoluzionarie sono inevitabili poiché senza esse si rende improbabile qualsiasi miglioramento nella crescita sociale, diventa impossibile rovesciare le classi egemoni reazionarie e consentire al popolo la gestione del potere[91].

La guerra rivoluzionaria è un antidoto che non solo rende innocuo il veleno del nemico, ma libera noi per primi da ogni impurità. Ogni guerra giusta, rivoluzionaria, grazie all'enorme forza di cui è provvista può cambiare molte cose o aprire la strada a un concreto mutamento.

---

89 "Sulla guerra di lunga durata" (maggio 1938, Opere scelte, vol. II).
90 Ibid.
91 "Sulla contraddizione" (agosto 1937, Opere scelte, vol. I).

La guerra cino-giapponese[92] varrà a trasformare sia la Cina che il Giappone; se la Cina persevererà nella guerra di resistenza tenendo il fronte unito, il vecchio Giappone si trasformerà certamente in un nuovo Giappone e la vecchia Cina in una nuova Cina; e il popolo e tutto il resto, tanto in Cina quanto in Giappone muteranno durante e in seguito alla conclusione del conflitto[93].

Ogni comunista è tenuto a far sua questa verità: "Il potere politico nasce dalla canna del fucile"[94]. La presa del potere tramite lotta armata, il risolvimento del problema tramite la guerra, rappresenta la più alta forma di rivoluzione. Questo precetto marxista-leninista è valido non solo in Cina, ma ovunque[95]. Secondo la visione marxista dello Stato, l'esercito rappresenta la più importante componente del potere statale. Chiunque voglia prendere possesso del potere e conservarlo deve poter fare affidamento su un esercito ben armato e addestrato. Coloro a cui piace ironizzare su di noi ci definiscono i sostenitori "dell'onnipotenza della guerra". Sì, lo siamo, ma della guerra rivoluzionaria. E questa è cosa che ci fa onore perché conforme al marxismo. Il socialismo è stato reso possibile grazie ai fucili del Partito Comunista Russo. Noi con quelli creeremo una repubblica democratica. L'esperienza della lotta di classe nel periodo dell'imperialismo insegna che solo con le armi la classe operaia e le masse lavoratrici possono sconfiggere la borghesia e i latifondisti. È quindi giusto dire che solo con il fucile si può trasformare il pianeta[96]. Noi siamo per la pace, non vogliamo la guerra. Ma la prima può essere assicurata solo dalla seconda. Perché non vi siano più armi, è necessario impugnare il fucile[97]. La guerra, quel mostro che porta gli esseri umani a massacrarsi gli uni con gli altri, sarà, in un futuro non

---

92 Ndt. Il riferimento è qui alla Seconda guerra Cino-giapponese, che ebbe inizio nel luglio 1937 e terminò nel settembre 1945 con la resa incondizionata del Giappone, inserendosi all'interno della Seconda guerra mondiale.

93 "Sulla guerra di lunga durata" (maggio 1938, Opere scelte, vol. II).

94 "Problemi della guerra e della strategia" (6 novembre 1938, Opere scelte, vol. II).

95 Ibid.

96 Ibid

97 Ibid.

molto lontano, resa inutile dal progresso della società umana. Ma, per fare in modo che essa sia superata, vi è un solo mezzo: opporre la guerra alla guerra, ovvero quella rivoluzionaria a quella controrivoluzionaria, quella nazionale rivoluzionaria a quella nazionale controrivoluzionaria, quella rivoluzionaria di classe a quella controrivoluzionaria di classe. [...]. Allorché la società, nel proseguo della sua crescita, sarà giunta all'eliminazione delle classi e dello Stato, non vi saranno più conflitti, né controrivoluzionari, né rivoluzionari, né giusti, né ingiusti e scoccherà per l'umanità l'ora della pace perenne. Il nostro studio delle leggi della guerra rivoluzionaria è dettato dalla volontà di eliminare tutte le guerre: ed è qui che risiede la differenza tra noi comunisti e tutte le classi lavoratrici[98]. Il nostro paese e tutti gli altri paesi socialisti, come tutti i paesi del mondo, necessitano della pace. Solo alcune frange capitaliste e monopoliste, appartenenti a qualche nazione imperialista, che traggono profitti dall'aggressione, desiderano la guerra[99].

Per raggiungere una pace duratura di proporzione planetaria, dobbiamo sviluppare ulteriormente la nostra amicizia e cooperazione con i paesi socialisti e rafforzare la nostra solidarietà con tutti i paesi amanti della pace. È assolutamente necessario cercare di stabilire con tutti i paesi che vogliono vivere in pace con noi, relazioni diplomatiche fondate sul rispetto reciproco, sull'uguaglianza, per garantire l'integrità e la sovranità nazionale. Inoltre, dobbiamo appoggiare attivamente i movimenti per l'indipendenza e la liberazione nazionale dei paesi asiatici, africani e dell'America latina, i movimenti per la pace e le giuste lotte in ogni luogo del mondo[100]. Per quanto concerne i paesi imperialisti, dobbiamo unirci con i loro popoli e, allo stesso tempo, cercare di coesistere pacificamente con i loro governi, intrattenere rapporti commerciali con essi e prevenire ogni possibile conflitto, ma non dobbiamo in alcun caso nutrire nei loro

---

98 "Problemi strategici della guerra rivoluzionaria in Cina" (dicembre 1936, Opere scelte, vol. I).

99 Discorso d'apertura all'VIII Congresso nazionale del PCC (15 settembre 1956).
100 Ibid.

confronti idee non corrispondenti alla realtà[101]. Noi vogliamo la pace. Tuttavia, se l'imperialismo si ostina a cercare la guerra non avremo alcuna remora a confrontarci con le armi, prima di proseguire nell'opera di trasformazione del nostro paese. Se uno vive costantemente nel timore della guerra, cosa farà se un giorno questa scoppierà davvero? In precedenza, ho dichiarato che il prevalere del Vento dell'Est su quello dell'Ovest è sufficiente a scongiurarla; adesso invece ho fatto questa precisazione partendo dal presupposto che la guerra sia inevitabile. Per cui sono state prese in considerazione ambedue le eventualità[102]. Al momento, in tutto il mondo, si discute se ci sarà o meno un terzo conflitto mondiale. In merito, anche noi, dobbiamo essere mentalmente preparati a svolgere delle analisi. Noi, ribadisco, siamo decisamente a favore della pace e quindi contro la guerra, ma se gli imperialisti insistono nel voler scatenare un nuovo conflitto, non dobbiamo temerlo. Il nostro porci a fronte di questo problema è lo stesso che mostriamo innanzi a qualsiasi disordine: in primo luogo siamo contro quello, in secondo luogo non ci spaventa. A seguito della Prima guerra mondiale, è sorta l'Unione Sovietica che conta una popolazione di duecento milioni di persone. A seguito della seconda, è nato un campo socialista che può contare su novecento milioni di persone. Se gli imperialisti si ostinano a voler scatenare una terza guerra mondiale, è fuori di dubbio che altre centinaia di milioni di persone abbracceranno il socialismo e, sull'intero pianeta, il terreno sotto il dominio degli imperialisti scarseggerà, preannunciandone il definitivo crollo[103]. Fomentare disordini, colpire, crearne di ulteriori, colpire nuovamente [...] fino al giorno della loro disfatta: questa è la logica con cui agiscono gli imperialisti e tutti i reazionari del mondo nei confronti della causa popolare: essi non disattenderanno mai questa logica. Quando dichiariamo: "L'imperialismo è feroce", intendiamo infatti che la sua natura rimarrà invariata per sempre e che gli

____

101 "Sulla giusta soluzione delle contraddizioni in seno al popolo" (27 febbraio 1957).

102 "Discorso tenuto alla Conferenza di Mosca dei Partiti comunisti operai" (18 novembre, 1957).

103 "Sulla giusta soluzione della contraddizioni in seno al popolo" (27 febbraio 1957).

imperialisti mai deporranno il loro coltello da macellaio, come mai diverranno santi fino alla loro disfatta. E allora: combattere, colpire, combattere ancora, colpire [...] fino alla vittoria; questa è la logica del popolo e anch'esso non la disattenderà perché è un precetto marxista. E la rivoluzione del popolo russo, come quella del popolo cinese, l'ha osservato appieno[104].

La vittoria non deve farci abbassare la guardia perché gli imperialisti e i loro lacchè tramano vendetta. Chi lo farà diverrà cosa passiva senza possibilità di difesa[105]. Gli imperialisti, i reazionari cinesi mai si rassegneranno alla disfatta conseguita in terra cinese. Essi continueranno ad agire contro il popolo con ogni mezzo. Infiltreranno i loro agenti in Cina per seminare disordini e mai rinunceranno a queste attività sovversive. E ancora, inciteranno i reazionari a bloccare i porti inviando loro truppe d'appoggio. Violeranno, magari, i nostri confini territoriali per commettere atti di sabotaggio. Tutto questo è possibile e noi dobbiamo tenerne conto[106]. Il mondo progredisce, l'avvenire è radioso e niente potrà mutare il corso della storia. È nostro compito far conoscere al popolo questi progressi e il radioso futuro che lo attende in modo che mai venga meno il suo credere nella vittoria[107]. I comandanti e i soldati dell'Esercito popolare di Liberazione non devono assolutamente permettere che il loro spirito combattivo si affievolisca, sia pure in minima parte; qualunque pensiero che contribuisca a sedarlo, come il sottovalutare il nemico, è sbagliato[108].

---

104 "Abbandonate le illusioni, preparatevi alla lotta" (14 agosto 1949, Opere scelte, vol. IV).

105 Discorso tenuto al Comitato preparatorio della nuova Conferenza consultiva politica (15 giugno 1949, Opere scelte, vol. IV).

106 Ibid.

107 "Sui negoziati di Chungking" (17 ottobre 1945, Opere scelte, vol. IV). 108 Rapporto alla II sezione plenaria del VII Comitato centrale del PCC (5 marzo 1949, Opere scelte, vol. IV)

108 Rapporto alla II sezione plenaria del VII Comitato centrale del PCC (5 marzo 1949, Opere scelte, vol. IV).

L'IMPERIALISMO E TUTTI I REAZIONARI SONO TIGRI DI CARTA

Tutti e reazionari in apparenza paiono terribili, ma in realtà sono tigri di carta. Da un punto di vista lungimirante solo il popolo è veramente potente[109]. Visto che, per la legge dell'unità degli opposti, non vi è cosa che non comprenda in sé una duplice natura, i reazionari sono al tempo stesso animali feroci e tigri di carta. In epoche passate, gli schiavisti, la classe feudale dei proprietari terrieri e la borghesia, prima di impadronirsi del potere statale e anche per un po' di tempo dopo, sono state vitali, rivoluzionarie e progressiste, insomma delle temibili tigri. Successivamente, però, poiché i loro opposti, gli schiavi, i contadini e i proletari, cresciuti in forza li hanno combattuti con sempre maggiore veemenza, queste classi dominanti sono divenute, a poco a poco, reazionarie; retrograde, delle tigri di carta. E, alla fine, dove non sono state rovesciate dal popolo lo saranno. Le classi reazionarie decadenti hanno conservato questa duplice natura anche al cospetto delle lotte cruente intraprese dal popolo, mostrando di essere, da un lato, belve feroci che divoravano decine di milioni di uomini. La causa della lotta popolare ha attraversato dure prove e il suo incedere è stato faticoso e impervio. Per abbattere il dominio dell'imperialismo, del feudalesimo e del capitalismo burocratico cinese, il popolo ha impiegato oltre cento anni e sacrificato decine di milioni di vite prima di raggiungere, nel 1949, la vittoria. Dunque, non erano forse belve pericolose e indomite? Eppure, alla fine si sono trasformate in tigri di carta, carcasse senza vita, caricature di argilla. Questi sono fatti storici. Forse che non vi abbiamo assistito, non se ne è sentito parlare? Ce ne sono state decine di migliaia! Per cui l'imperialismo e tutti i reazionari, valutati in prospettiva e da un punto di vista strategico, devono essere visti per ciò che sono: tigri di carta. Su questo trova fondamento il nostro pensiero strategico. Mentre il nostro pensiero tattico tiene conto che esse sono anche belve feroci, indomite,

---

109 Intervista concessa alla giornalista americana Anna Louise Strong (agosto 1946, Opere scelte, vol. IV).

crudeli sempre pronte a divorare uomini[110].

Ho dichiarato che tutti i reazionari temuti altro non sono che tigri di carta. Perché? Perché si sono allontanati dal popolo. Hitler non era forse anch'egli una tigre di carta? E non è stato sconfitto? Anche lo zar di Russia e l'imperatore della Cina erano tigri di carta. E infatti, anch'essi sono stati deposti. L'imperialismo degli Stati Uniti d'America ancora persiste e possiede l'atomica. Ma sono certo che anch'esso cadrà perché è solo una tigre di carta[111]. "Sollevare un masso per poi lasciarlo cadere sui propri piedi", recita un proverbio cinese a sottolineare il modo di agire di certi stolti. A questa categoria appartengono senza dubbio tutti i reazionari del pianeta. Le loro persecuzioni condotte contro il popolo rivoluzionario non possono che spingerlo a insorgere e diffondere il seme della rivoluzione. Le vessazioni compiute dallo zar di Russia contro il popolo rivoluzionario russo e da Chiang Kai-shek contro quello cinese non hanno forse sortito questo risultato?[112] Gli Stati Uniti d'America hanno invaso la cinese Taiwan che occupano ormai da nove anni e recentemente hanno inviato le loro Forze Armate a invadere e occupare il Libano[113]. Inoltre, hanno installato in ogni parte del mondo, centinaia di loro basi militari. Il territorio cinese di Taiwan, il Libano e tutte le basi militari degli USA all'estero rappresentano altrettanti cappi posti al collo dell'imperialismo americano. Sono gli americani medesimi ad aver preparato questi nodi scorsoi ad esserseli posti al collo, ad aver fornito l'estremità della corda al popolo cinese, ai popoli dei paesi arabi e a tutti coloro nel mondo, che, amanti della pace, avversano l'aggressione. Tanto più a lungo gli americani

---

110 Intervento alla riunione dell'Ufficio politico del Comitato centrale del PCC, svoltasi a Wuchang (1° dicembre 1958, Opere scelte, vol. IV)

111 Discorso tenuto alla conferenza di Mosca dei Partiti comunisti operai (18 novembre 1957).

112 Intervento alla riunione del Soviet Supremo dell'URSS in occasione del XL anniversario della Rivoluzione socialista d'ottobre (6 novembre 1957).

113 Ndt. Nel 1958, a seguito della guerra civile scoppiata in Libano tra l'esercito del Presidente filoccidentale Camille Chamoun e le milizie nazionaliste panarabe, 14mila marines sbarcarono in Libano per sedare la rivolta. Alla fine, venne eletto un Presidente che potesse andare bene a entrambe le parti, Fu'ad Shehab.

rimarranno in questi luoghi, tanto più quei cappi si stringeranno al loro collo[114]. Poiché l'imperialismo seguita a compiere ogni tipo di sopruso, è logico attendersi che abbia breve vita. Esso continua a sostenere in ogni paese gruppi reazionari ostili al popolo, a invadere e occupare con la forza colonie, a installare basi militari, a minacciare la pace con la bomba atomica. Così, oppresso dall'imperialismo, oltre il 90% della popolazione mondiale sta insorgendo o si schiererà contro di quello. Ciononostante, l'imperialismo in Asia, in Africa e in America Latina ancora spadroneggia e altrove è ancora presente. In occidente, addirittura, vessa le masse popolari nelle loro stesse nazioni. Questa situazione non può durare: è compito dei popoli di tutto il mondo porre fine a questa aggressione imperialista condotta principalmente dagli Stati Uniti d'America[115]. A causa della sua prepotenza, l'imperialismo americano, isolandosi sempre più, è divenuto il nemico dei popoli di tutto il mondo. Gli ordigni atomici in possesso del governo imperialista americano non varranno mai da deterrente verso coloro che rifiutano di essere schiavi. L'ondata di rabbia dei popoli dell'intero pianeta contro gli aggressori americani è inarrestabile. La loro lotta contro l'imperialismo statunitense e i suoi servitori riporterà sicuramente successi sempre più importanti[116].

Se i gruppi capitalistici monopolistici degli Stati Uniti d'America continueranno nella loro politica d'aggressione, verrà per loro il giorno in cui penzoleranno dalla forca per mano di tutti i popoli del mondo. Stessa sorte patiranno i loro complici[117]. Per combattere il nemico, nel corso di un lungo periodo, abbiamo formulato questo concetto: dal punto di vista strategico, siamo tenuti a disprezzare tutti i nostri nemici, ma dal punto di vista tattico bisogna considerarli seriamente. Questo significa

---

114 Discorso tenuto alla Conferenza Suprema di Stato (8 settembre 1958).

115 Intervista concessa a un giornalista dell'Agenzia d'informazioni *Hsinhua* (29 settembre 1958).

116 Dichiarazione a sostegno della giusta lotta patriottica del popolo panamense contro l'imperialismo USA (12 gennaio 1954).

117 Discorso tenuto alla Conferenza Suprema di Stato (8 settembre 1958)

che dobbiamo disprezzare il nemico nel suo insieme, ma anche che bisogna misurarlo su ogni fatto concreto. Non disprezzandolo, cadremmo nell'errore dell'opportunismo. Marx ed Engels già nella loro epoca, loro due soli, presagirono che in futuro il capitalismo sarebbe capitolato in tutto il mondo[118]. Ma in merito a problemi concreti e a nemici particolari, se non li considereremo con attenzione, saremo degli sconsiderati. In guerra, le battaglie possono essere combattute solo una alla volta, così come un contadino può arare un solo pezzo di terra alla volta. Lo stesso avviene quando consumiamo i pasti. Strategicamente a un pasto diamo scarsa rilevanza: sappiamo di poterlo terminare. In pratica, però, inghiottiamo un boccone dietro l'altro perché non potremmo, in una sola volta, cacciare nello stomaco un intero banchetto. Questa è ciò che viene definita 'soluzione dell'uno alla volta'. In gergo militare significa sterminare le unità nemiche una alla volta[119]. È mia opinione che la situazione internazionale sia giunta a una svolta. Oggi nel mondo vi sono due venti: uno dell'Est e l'altro dell'Ovest. Un detto cinese recita: "È inevitabile che un vento prevalga sull'altro". Nella situazione attuale io credo prevalga quello dell'Est. Questo sta a significare che le forze socialiste hanno raggiunto una schiacciante superiorità su quelle imperialiste[120].

OSARE, BATTERSI, ARRISCHIARE, VINCERE

Popoli di tutto il mondo unitevi per sconfiggere gli aggressori americani e i loro complici! Popoli di tutto al mondo fate affidamento sul vostro coraggio, osate, combattete, sfidate le difficoltà, avanzate come sciami e il mondo vi apparterrà. I mostri non

118 Ndt. Vedi Manifesto del Partito Comunista, di Karl Marx e Friedrich Engels, Edizioni Clandestine, 2015.
119 Discorso tenuto alla Conferenza di Mosca dei Partiti comunisti operai (18 novembre 1957).
120 Ibid.

avranno scampo[121]. Il PCC, dopo una lucida valutazione della situazione nazionale e internazionale sulla base della dottrina marxista-leninista, si è avvisto che tutti gli attacchi reazionari interni ed esterni al paese, non solo dovevano, ma potevano essere respinti. Quando le nubi che preannunciavano tempesta comparvero in cielo, facemmo notare che il sole non avrebbe tardato ad allontanarle[122]. Nella storia dell'umanità, tutte le forze reazionarie in via di estinzione, conducono un'estrema, disperata lotta contro le masse rivoluzionarie. Non di rado, alcuni rivoluzionari, ingannati momentaneamente da questa forza apparente che nasconde un'estrema fragilità interna, non riescono a cogliere questo fatto essenziale, ovvero quanto il nemico sia vicino al collasso e loro al trionfo[123]. Se il Kuomintang vuole la guerra, noi lo annienteremo. Le cose stanno in questo modo: se ci attacca, noi lo annetteremo e così avrà ciò che si merita: lo sistemeremo parzialmente se lo distruggeremo in parte; maggiormente se lo colpiremo a fondo; definitivamente se lo raderemo al suolo. I problemi della Cina non sono di facile soluzione e le nostre menti devono adeguarsi. Se ricorreranno alle armi, noi passeremo al contrattacco, combattendo per riportare la pace[124]. Se il nemico ci attacca e le condizioni per battersi sono favorevoli, per legittima difesa, reagiremo per annientarlo, estirparlo alla radice, definitivamente (noi non mettiamo mano alle armi in modo sconsiderato, ma solo quando si rende inevitabile e, in tal caso, proseguiremo il conflitto fino alla vittoria). Non dobbiamo per alcun motivo farci intimorire dalla ferocia palesata dai reazionari[125]. Se dipendesse dalla nostra volontà non combatteremmo mai, ma, se le circostanze ce lo imporranno, non ci tireremo certo indietro[126]. Noi

---

121 Dichiarazione a sostegno del popolo congolese contro l'aggressione degli USA (28 novembre 1964)

122 "La situazione attuale e i nostri compiti" (25 dicembre 1947, Opere scelte, vol. IV).

123 "La svolta nella Seconda guerra mondiale" (12 ottobre 1942, Opere scelte, vol. III).

124 "Sui negoziati di Chungking (17 ottobre 1945, Opere scelte, vol. IV).

125 Circolare del Comitato centrale del PCC sui negoziati di pace con il Kuomintang (26 agosto 1945, Opere scelte, vol. IV).126 Intervista concessa alla giornalista americana Anna Louise Strong (agosto 1946, Opere scelte, vol. IV)

126 Intervista concessa alla giornalista americana Anna Louise Strong (agosto 1946, Opere scelte, vol. IV).

siamo a favore della pace, ma finché l'imperialismo americano non recederà dalle sue richieste arroganti e insensate e dalle sue trame per estendere il fronte d'aggressione, il popolo cinese sarà fermo nella sua risoluzione di seguitare a battersi al fianco del popolo coreano[127]. Non amiamo la guerra; siamo disposti a porvi fine immediatamente e a regolare in altro modo ogni questione. Purtroppo, l'imperialismo degli Stati Uniti d'America propende unicamente per questa strada. E allora che la guerra non abbia termine! Siamo pronti a combattere contro l'imperialismo americano per tutto il tempo che si renderà necessario, ovvero fino a quando non vi verrà posto argine e fino alla vittoria completa del popolo cinese e coreano[128]. Noi dobbiamo allontanare dalle nostre file ogni ideologia fiacca e senza costrutto. Tutti i punti di vista che sovrastimano la forza del nemico e non reputano il nostro popolo all'altezza di un confronto sono sbagliati[129].

I popoli e le nazioni oppresse non devono rinunciare alle loro speranze di liberazione dall'imperialismo e dai suoi complici perché, perseverando e restando uniti nella lotta, essi potran-

---

127 Ndt. Alla fine del conflitto mondiale, la nazione coreana (protettorato del Giappone per oltre trent'anni) venne dichiarata libera. Nei fatti, però, si trovava divisa in due zone di influenza, una sovietica e una americana. Nell'estate del 1947, fu tracciato un vero e proprio confine, lungo la linea del 38° parallelo, tra la Repubblica di Corea a sud, filoamericana, e la Repubblica Popolare Democratica di Corea a nord, filosovietica. Tra il 1949 ed il 1950 le tensioni tra i due paesi si inasprirono. La guerra ebbe inizio il 25 giugno 1950 con l'invasione del confine sud-coreano da parte di cinque divisioni dell'esercito del Nord, organizzato e attrezzato dall'URSS. Con la copertura dell'ONU, cui ricorse la Corea del Sud, sbarcarono in Corea i primi contingenti (per la maggior parti americani), che respinsero l'invasore, risalendo velocemente lungo il confine. A questo punto, con una decisione che determinerà in maniera fondamentale lo sviluppo del conflitto, il generale MacArthur, a capo delle truppe americane, decise di invadere a sua volta lo stato del Nord, superando il 38° parallelo. L'invasione fu autorizzata dall'Assemblea generale dell'ONU il 7 ottobre 1950. A novembre, però, essendosi le truppe americane spinte fino a pochi chilometri dal confine con la Cina, il governo cinese decise di intervenire, inviando centomila uomini in Corea e permettendo così al Nord di superare nuovamente i confini. Il 10 luglio iniziarono i colloqui per la pace, ma fu solo dopo due anni, il 27 luglio 1953, che la fine dei negoziati sancirà il ritorno alla situazione antecedente la guerra, con il confine sul 38° parallelo.

128 Discorso tenuto alla IV sessione del Comitato nazionale della Conferenza consultiva politica del popolo cinese (7 febbraio 1953).

129 "La situazione attuale e i nostri compiti" (25 dicembre 1947, Opere scelte, vol. IV).

no trionfare[130]. Dobbiamo farci trovare preparati per quando la guerra civile si diffonderà su scala nazionale. Se questo accadrà presto, magari anche domani stesso, dovremo essere pronti. Questo è un punto essenziale. Nell'attuale situazione nazionale e internazionale, è possibile che la guerra civile resti per un certo periodo circoscritta e localizzata. E questa è la seconda questione. Ricapitoliamo: il punto uno è quello a cui noi ci prepariamo; il punto due è ciò che esiste da tempo. Dunque, dobbiamo essere pronti. Se lo saremo e in modo appropriato, non accadrà niente che non ci sarà possibile fronteggiare adeguatamente[131].

LA GUERRA POPOLARE

La guerra rivoluzionaria, essendo quella delle masse, la si può condurre solo mobilitandole e ponendo piena fiducia in esse[132]. Dove sta il vero punto di forza? Nelle masse, nei milioni di uomini che sinceramente sostengono la rivoluzione. Essi rappresentano un argine d'acciaio invalicabile, impenetrabile, indistruttibile per qualsiasi nemico. La controrivoluzione non potrà niente e contro di noi uscirà sconfitta. Riunendo milioni di uomini intorno al governo rivoluzionario ed estendendo la nostra guerra rivoluzionaria, rendendo vana ogni controrivoluzione assumeremo il potere dell'intero territorio cinese[133]. La più ricca fonte di energia per condurre una guerra risiede nelle masse popolari. Il Giappone compie atti di dispotismo contro di noi perché le masse cinesi non sono organizzate. Quando si sarà posto rimedio a questo, l'aggressore giapponese, come un toro impazzito incalzato dalle fiamme, si troverà circondato da centinaia di milioni di

---

130 Dichiarazione contro l'aggressione al Vietnam del Sud e i massacri dei civili sud-vietnamiti compiuti dalla cricca Usa-Dinth Diem (29 agosto 1963).

131 "La situazione e la nostra politica dopo la vittoria nella Guerra di resistenza contro il Giappone" (13 agosto 1945, Opere scelte, vol. IV).

132 "Preoccuparsi del benessere delle masse, porre attenzione ai metodi di lavoro" (27 gennaio 1934, Opere scelte, vol. I)

133 Ibid.

cinesi insorti. Saranno sufficienti le loro grida a terrorizzarlo ed esso precipiterà nel fuoco, rimanendovi carbonizzato[134].

Gli imperialisti ci tiranneggiano a tal punto che ci vedremo costretti a prendere serie misure nei loro confronti. Per cui, non solo dobbiamo dotarci di un potente esercito, ma anche mettere in piedi su larga scala contingenti di milizia popolare. Questo, nell'ipotesi di un'invasione, renderà difficile agli aggressori muoversi agevolmente nel nostro territorio[135].

Considerando la guerra rivoluzionaria nel suo insieme, le operazioni delle frange partigiane popolari e quelle dell'Esercito Rosso, che rappresenta la forza principale, si completano a vicenda come il braccio destro e il braccio sinistro dell'uomo; se avessimo solo la forza principale, ovvero l'Esercito Rosso, senza le milizie partigiane del popolo, avremmo un guerriero che combatte con un solo arto. In concreto, e in particolare facendo riferimento alle forze militari, quando parliamo della popolazione civile come elemento fondamentale in un conflitto, intendiamo dire che noi disponiamo del sostegno di un popolo armato. Questo è il principale motivo per cui il nemico teme di avvicinarsi al nostro paese[136].

L'esito di un conflitto è determinato soprattutto dalle condizioni militari, politiche, economiche e naturali dei due contendenti. Ma non basta. Esso è anche determinato dalla capacità soggettiva delle forze contrapposte di condurre la guerra. Uno stratega non può sperare di raggiungere la vittoria oltrepassando i limiti imposti dalle condizioni materiali; pur tuttavia, entro questi limiti egli può e deve combattere per sconfiggere il nemico. Per un bravo stratega, lo scenario dove l'azione si svolge è costruito sulle condizioni materiali oggettive, ma su questo palcoscenico egli può dirigere rappresentazioni di imprese magnifiche, piene di sogni e colori, di forza e magnificenza[137].

---

134 "Sulla guerra di lunga durata" (maggio 1938, Opere scelte, vol. II).

135 Intervista con un giornalista dell'agenzia d'informazione Hsinhua (29 settembre 1958).

136 "Problemi strategici della guerra rivoluzionaria in Cina" (dicembre 1936, Opere scelte, vol. I).

137 Ibid.

La guerra non ha altro fine se non quello di "conservare le proprie forze e annientare il nemico" (per annientare si intende disarmarlo, renderlo incapace di opporre resistenza, non eliminare fisicamente ogni componente del suo esercito). Nelle battaglie del passato, ci si avvaleva di lancia e scudo, la prima per trafiggere il nemico, il secondo per proteggersi da lui. Ad oggi, tutte le armi sono conseguenti al processo evolutivo di quella lancia e quello scudo. Il bombardiere, la mitragliatrice, l'artiglieria a lunga gittata, i gas asfissianti, rappresentano l'evoluzione della lancia, come il rifugio antiaereo, l'elmetto in acciaio, le fortificazioni in cemento armato e le maschere antigas, lo sono dello scudo. Il carro armato è una nuova arma che combina la lancia e lo scudo. Il mezzo principale per sconfiggere il nemico è l'attacco, ciononostante non si può rinunciare alla difesa. L'attacco ha per fine immediato la distruzione del nemico e, al contempo, quello di conservare intatte le proprie forze, poiché se il nemico non viene sopraffatto, lui non tarderà a distruggere voi. La difesa ha per scopo immediato la conservazione delle proprie forze, ma al tempo stesso un mezzo ausiliario dell'attacco o un mezzo per predisporsi all'attacco. La ritirata è un atto che concerne la difesa cui può esserne conseguente, mentre l'inseguimento è una continuazione dell'attacco. Va posto in rilievo che l'annientamento del nemico è l'obbiettivo primario di una guerra, mentre la conservazione delle proprie forze è un obbiettivo secondario, poiché solo annientando un gran numero di nemici è possibile preservare con quasi assoluta certezza le proprie forze. Per cui l'attacco, in quanto mezzo principale per sconfiggere il nemico, ha un'importanza primaria, mentre la difesa, in quanto mezzo ausiliario per sconfiggere il nemico e conservare le proprie forze, ha rilevanza secondaria. In guerra, in molti casi è la difesa che riveste il ruolo principale e l'attacco è secondario, e tuttavia, nella guerra vista nel suo insieme, l'attacco assume massima importanza[138].

I principi a cui rispondono le operazioni militari derivano tutti da un unico precetto di base: cercare di conservare intatte le proprie forze e annientare quelle del nemico [...] Ma allora,

---

138 "Sulla guerra di lunga durata" (maggio 1938, Opere scelte, vol. II)

in guerra, quale giustificazione trova l'incitamento a sacrificarsi eroicamente? Ogni guerra esige un tributo di sangue e talvolta questo risulta particolarmente alto. Ma non si trova questo in palese contraddizione con il principio di preservare intatte le proprie forze? No, perché sacrificio e conservazione delle proprie forze sono tra loro opposti e complementari. Tale sacrificio, infatti si rende necessario non solo per sbaragliare il nemico, ma anche per conservare le proprie forze, giacché la "non conservazione" parziale e temporanea è necessaria per conservare le forze in senso generale e permanente. Da questa fondamentale regola derivano altre che guidano tutte le operazioni militari: e queste – dalla condotta da osservare durante gli scontri a fuoco, fino ai comandamenti strategici - sono tutte conseguenti a quel primo postulato. Tutti i principi tecnici e quelli concernenti tattica, campagne militari e strategia rappresentano altrettante applicazioni di quella prima regola fondamentale: conservare le proprie forze ed eliminare il nemico[139].

I nostri comandamenti militari sono:

1. In primo luogo, attaccare le forze nemiche isolate e successivamente quelle concentrate e potenti.

2. Prima impadronirsi delle città di piccola e media dimensione, delle campagne e solo dopo dei grandi centri urbani.

3. Porsi come obiettivo primario l'annientamento delle forze nemiche e non la difesa o la conquista di una città o di una particolare regione. La possibilità di conservare o conquistare una città o una regione dipende dall'eliminazione della forza messa in campo dal nemico e spesso una zona di interesse strategico può essere tenuta o presa definitivamente solo dopo essere caduta a più riprese nelle mani dell'uno e dell'altro.

4. In ogni battaglia, concentrare forze superiori al nemico (talvolta due, tre, quattro, cinque volte), accerchiarlo con il preciso proposito di sgominarlo, senza dargli alcu-

---

139 Problemi strategici della guerra partigiana antigiapponese" (maggio 1938, Opere scelte, vol. II).

na possibilità di scampo. In talune circostanze, adottare il metodo di infliggere al nemico colpi risolutivi, vale a dire concentrare tutte le forze per un'offensiva frontale e magari, laddove possibile anche su uno o entrambi i lati in modo da creare scompiglio in una parte delle truppe nemiche e costringere le altre alla fuga, in modo che il nostro esercito possa spostare rapidamente i propri contingenti per sconfiggerlo definitivamente. Cercare di evitare battaglie di logoramento in cui il guadagno è inferiore alla perdita o riesce a stento a compensarla. In questo modo, anche se inferiori nel numero, saremo comunque superiori in ogni settore e in ogni campagna specifica dandoci un vantaggio strategico, cosa che finirà per assicurarci la vittoria, perché con il tempo, divenuti superiori anche nel numero, potremo annientare completamente il nemico.

5. Non ingaggiare battaglia impreparati, ovvero laddove non si sia certi di riportare la vittoria. Compiere ogni sforzo per giungere allo scontro in condizioni di vantaggio strategico e, in particolari equilibri di forze tra il nemico e noi, fare quanto in nostro potere per riportare il successo.

6. Sfruttare al massimo il nostro protocollo di ingaggio: evitare lo scontro se non si è certi di riportare la vittoria; spirito di sacrificio; disprezzo della fatica (ovvero, capacità di partecipare a scontri che si susseguono senza interruzione o in breve spazio di tempo l'uno dall'altro, rinunciando al riposo).

7. Tentare di annientare il nemico quando si trova in movimento e, allo stesso tempo, studiare attentamente la tattica di attacco per impadronirsi delle postazioni, delle fortificazioni e delle città sotto il suo controllo.

8. Per quanto riguarda l'attacco dei centri urbani, impadronirsi con decisione di tutte le fortificazioni e le cittadine difese dal nemico con scarso impiego di forze. Al momento opportuno, laddove le circostanze lo consento-

no, impadronirsi di tutte le fortificazioni e centri urani
che il nemico difende con un dispendio medio di forze.
Quanto alle fortificazioni e ai centri urbani che il nemico
difende accanitamente e con grande impiego di forze, attendere il momento propizio per farle proprie.

9. Reintegrare la nostra forza con tutte le armi e la maggior
parte degli effettivi sottratti al nemico. È dal fronte che
proviene la stragrande maggioranza di materiale umano e
delle armi in dotazione al nostro esercito.

10. Sfruttare il tempo tra un'operazione militare e l'altra per
far riposare, addestrare e rafforzare le nostre milizie. I pe-
riodi di riposo e di rafforzamento non devono, in linea di
massima, essere mai troppo lunghi perché non bisogna
mai consentire al nemico di tirare il fiato.

Questi sono i postulati di massima adottati dall'Esercito Popolare di Liberazione per sconfiggere Chiang Kai-shek. Essi sono
il risultato di molti anni di lotta in cui l'Esercito Popolare di Liberazione[140] si è temprato combattendo contro i nemici interni
ed esterni al paese. Questo li rende per noi calzanti e attuali [...].
La nostra strategia e la nostra tattica si fondano sulla guerra popolare e nessun esercito in contrasto con il popolo può adottarla
in maniera proficua[141]. Senza preparazione, ogni superiorità viene resa vana e non è possibile assumere alcuna iniziativa. Una
volta assimilato questo principio, una forza inferiore e ben adde-
strata può avere ragione su un nemico superiore con un'azione a
sorpresa[142].

---

140 Ndt. L'Esercito Rosso o Armata Rossa Cinese, costituita il 1° agosto 1927 da dirigenti
comunisti e militari rivoluzionari, fu protagonista della "lunga marcia" (1934-1935) e della
resistenza antigiapponese. Nel 1946 fu ribattezzata Esercito Popolare di Liberazione e si iden-
tificò con la rivoluzione contadina che, nel 1949, portò i comunisti al potere. Successivamente, fu trasformata nell'Esercito Regolare della Repubblica Popolare Cinese
141 "La situazione attuale e i nostri compiti" (25 dicembre 1947, Opere scelte, vol. IV).
142 "Sulla guerra di lunga durata" (maggio 1938, Opere scelte, vol. II).

L'ESERCITO POPOLARE

Se non dispone di un esercito popolare, il popolo non ha alcunché[143]. La forza di questo esercito è data dalla disciplina cosciente di tutti i suoi elementi: essi combattono e sono uniti non da interessi privati di alcuni, ma per il bene del popolo e dell'intera nazione. Stare con risolutezza a fianco di tutto il popolo cinese e servirlo con tutto il cuore: questo è l'unico scopo del nostro esercito[144].

L'Esercito Rosso cinese è un'organizzazione armata deputata a adempiere ai compiti specifici della rivoluzione. In particolare, oggi, l'Esercito Rosso non può limitarsi a combattere; oltre a distruggere la forza militare del nemico, deve accollarsi altri importanti compiti, come fare propaganda tra le masse, organizzarle, armarle, aiutarle a costruire il potere politico rivoluzionario e le organizzazioni di Partito. Poiché l'Esercito Rosso non combatte per amore della guerra, senza quelle ulteriori mansioni la guerra perderebbe il suo significato e l'Esercito Rosso ogni ragione di esistere[145]. L'Esercito Popolare di Liberazione sarà sempre una forza di combattimento. Anche dopo aver conseguito la vittoria sul piano nazionale, finché le classi sociali non saranno superate e il sistema imperialista, nel mondo, continuerà a esistere, il nostro esercito rimarrà tale. Su questo punto non devono sorgere malintesi o incertezze[146]. Disponiamo di un esercito destinato alle azioni militari e di un altro delegato al lavoro. Per i conflitti armati abbiamo l'Ottava e la Quarta armata di recente costituzione, che debbono svolgere un doppio lavoro: combattere e produrre. Grazie a questi due eserciti, di cui il primo è capace di svolgere un doppio lavoro, possiamo superare ogni difficoltà e sconfiggere l'imperialismo giapponese[147]. La nostra difesa nazio-

---

143 "Sul governo di coalizione" (24 aprile 1945, Opere scelte, vol. III).

144 Ibid.

145 "Come correggere le idee sbagliate del Partito" (dicembre 1929, Opere scelte, vol. I)

146 Rapporto alla II sessione plenaria del VII Comitato centrale del PCC (5 marzo 1949, Opere scelte, vol. IV).

147 "Organizziamoci!" (29 novembre 1943, Opere scelte, vol. III).

nale sarà rafforzata in modo tale, da non consentire più ad alcun imperialista di varcare i nostri confini. Le nostre Forze Armate Popolari debbono essere mantenute e rafforzate sul modello del valoroso ed esperto Esercito Popolare di Liberazione. Disporremo non solo di un potente esercito di terra, ma anche di una potente aviazione e di una marina insuperabile[148]. Noi partiamo dal presupposto che il Partito sia colui che comanda il fucile e dobbiamo scongiurare che mai avvenga il contrario[149]. Tutti gli ufficiali e i soldati non devono mai dimenticare che noi siamo il grande Esercito Popolare di Liberazione guidato dal grande PCC. Se porremmo fiducia e osservanza a ogni direttiva del Partito, nessuna forza potrà sconfiggerci e la vittoria sarà nostra[150].

IL RUOLO DIRIGENTE DEI COMITATI DI PARTITO

I comitati di Partito sono un'istituzione del Partito voluta per assicurare la direzione collettiva e far sì che mai una sola persona monopolizzi la direzione del lavoro. Di recente è stato appurato quanto, in alcuni organismi dirigenziali, sia pratica corrente che un solo individuo monopolizzi la direzione del lavoro prendendo decisioni su importanti questioni. Questi si sostituiscono alle riunioni del comitato di Partito, rendendo così la qualifica di membro del comitato di Partito puramente simbolica. Le divergenze di vedute tra i membri del comitato di Partito in tal modo non possono essere appianate e rimangono a lungo sospese. Così i membri del comitato di Partito mantengono tra loro solo un'unità formale, ipotetica, falsa. A questa farsa, deve essere posta fine. D'ora in avanti, dovrà essere costituito un saldo sistema di riunioni del comitato di Partito in tutti gli organismi dirigenti, dalle sedi regionali del Comitato ai comitati di Partito delle sot-

---

148 Discorso di apertura tenuto alla I sessione plenaria della Conferenza consultiva politica del popolo cinese (21 settembre 1949).

149 "Problemi della guerra e della strategia" (6 novembre 1938, Opere scelte, vol. I)

150 "Manifesto dell'Esercito popolare cinese di Liberazione" (ottobre 1947, Opere scelte, vol. IV).

toprefetture, dai comitati di Partito del fronte ai comitati di Partito delle brigate e delle zone militarizzate [...]. Tutte le faccende di estrema rilevanza – non certo le questioni di scarso rilievo o i problemi la cui risoluzione è già stata decisa a seguito di riunioni e attende di essere solo attuata - devono essere sottoposte al Comitato e portate liberamente a discussione dai membri per giungere a una risoluzione comune e condivisa [...]. Le riunioni del Comitato di Partito devono essere divise in due categorie: quelle tenute dal Comitato permanente e le Sessioni plenarie. È necessario non confondere tra loro queste due tipologie di assemblea ed è altrettanto fondamentale che nessuna funzione abbia prevalenza sull'altra. Solo nell'esercito - e qualora le circostanze lo richiedano - colui che si trova al comando ha il diritto di assumersi la responsabilità di prendere decisioni personali[151].

Il segretario del comitato di Partito deve essere un ottimo "caposquadra". Un comitato di Partito composto da dieci-venti membri è come un plotone dell'esercito, di cui il segretario è il caposquadra. Ovviamente, non è cosa semplice guidare bene questo plotone, specialmente laddove sugli uffici regionali o sotto regionali del Comitato centrale gravi la responsabilità di una zona particolarmente vasta. Dirigere non significa solo determinare la politica generale e specifica, ma altresì elaborare giusti metodi di lavoro. Perfino con una corretta politica generale e specifica, possono sempre sorgere delle complicanze, se i metodi di lavori restano inosservati. Per adempiere al suo compito direzionale, un comitato di Partito deve fare affidamento sui componenti del "plotone" ed è tenuto a metterli in condizione di svolgere appieno le loro funzioni. Per essere un buon "caposquadra", il segretario deve studiare ed esaminare a fondo i problemi. Un segretario o il suo vice avranno difficoltà a dirigere il proprio gruppo, se non si curano di fare, tra i suoi componenti, il giusto lavoro di propaganda e organizzazione, se non sanno mantenere ottimi rapporti con gli altri membri del Comitato, se non sono preparati a presenziare con successo alle riunioni. Se i

---

151 "Sul rafforzamento del sistema dei Comitati di Partito" (20 settembre 1948, Opere scelte, vol. IV).

componenti del loro gruppo non stanno al passo, non possono sperare di dirigere decine di milioni di uomini nella lotta e nella costruzione del socialismo. Naturalmente, i rapporti tra il segretario e i membri del Comitato sono rapporti in cui la minoranza deve sottostare alla maggioranza e quindi diversi dalle relazioni correnti tra il caposquadra e il suo gruppo. Qui parliamo solo per analogia[152]. Non solo il caposquadra, ma anche i membri del Comitato sono tenuti a mettere tutti i problemi sul tavolo. Mai tramare dietro le spalle. Ogni volta che sorge una questione, convocare un'assemblea, mettere in risalto il problema, confutarlo, prendere decisioni in merito, risolvere. Se i problemi non sono esposti, rimarranno a lungo insoluti. Il caposquadra e i membri del comitato devono sempre mostrarsi comprensivi nell'assolvere alle loro funzioni. Non vi è nulla di più importante della comprensione, l'amicizia e il sostegno tra il segretario e i componenti del comitato di Partito, tra il Comitato centrale e le sedi regionali, tra le sedi regionali e i comitati di quartiere[153]. "Scambiare informazioni". Questo significa che i componenti del Comitato di Partito sono tenuti a informarsi reciprocamente delle questioni di cui sono venuti a conoscenza e scambiarsi opinioni in merito. Questo è importante per trovare un linguaggio comune. Alcuni non agiscono in questo modo e, come coloro che descrive Lao Tzu[154]: "per l'intera vita non si scambiano neppure una visita, anche se l'uno può sentire il canto del gallo e il secondo, il latrare del cane dal giardino dell'altro". Ne consegue che mancano di un linguaggio comune[155]. Chiedete ai vostri subalterni ciò che non comprendete o non sapete, senza esprimere alla leggera la vostra disapprovazione o approvazione [...]. Non bisogna mai fingere di sapere ciò che non si conosce, né tanto meno vergognarsi di consultare i subalterni o di imparare da loro ed è altrettanto

---

152 "Metodi di lavoro dei Comitati di Partito" (13 marzo 1949, Opere scelte, vol. IV).

153 Ibid.

154 Ndt. Si tratta di una figura leggendaria della filosofia cinese, considerato il fondatore del Taoismo e autore del Daodejjing (opera sacra taoista) e del Hua Hu Ching, un testo di riferimento per la medicina olistica, la meditazione tao, il feng shui e i Ching.

155 "Metodi di lavoro dei Comitati di Partito" (Opere scelte vol. IV).

necessario ascoltare attentamente il punto di vista dei quadri di grado inferiore. Siate allievi prima di farvi maestri; imparate dagli appartenenti ai quadri inferiori prima di dare ordini [...] Quello che gli appartenenti ai quadri inferiori dicono può essere giusto o sbagliato; noi siamo tenuti a tener conto dei punti di vista corretti e seguirli [...]. Ascoltate anche le vedute erronee che vengono dal basso perché è sbagliato non prestare orecchio a tutti. Se si rivelano scorrette, non dovrete certo seguirle, ma migliorarle[156].

Imparare a "suonare il pianoforte". Suonando il pianoforte, tutte e dieci le dita si trovano in movimento: non è possibile muovere alcune dita e altre no. Eppure, se le dieci dita premono i tasti contemporaneamente non si produce alcuna melodia. Per ottenere della buona musica le dieci dita devono muoversi in modo ritmico e coordinato. Un Comitato di Partito è tenuto ad assumere con puntualità e precisione al suo compito primario e allo stesso tempo, a sviluppare il lavoro in altri settori. Al momento dobbiamo occuparci di molti campi: seguire il lavoro di ogni circoscrizione, di ogni unità operativa armata, delle organizzazioni di Partito e non dobbiamo prestare attenzione ad alcuni problemi, escludendone altri. Ovunque ci sia una questione da risolvere, bisogna mettervi mano: e questo è un modo di agire in cui si deve divenire maestri. Alcuni suonano bene il piano, altri un po' meno bene, per cui le melodie che essi ne traggono sono assai diverse. I compagni dei Comitati di Partito sono tenuti a imparare a suonare il pianoforte perfettamente[157].

"Mettere decisamente mano". Questo sta a significare che il Partito non deve semplicemente mettere mano alle principali questioni, ma farlo in maniera decisa. Si può trattenere qualcosa solo quando la si impugna con decisione senza allentare minimamente la presa. Mettere mano senza fermezza equivale a non agire. Inoltre, è risaputo quanto la presa sia improbabile per una mano aperta. Per una mano serrata, come quando si stringe qualcosa, se non lo è con decisione, la cosa sfugge. Alcuni nostri compagni mettono decisamente mano ai compiti principali, ma

---

156 Ibid.
157 Ibid.

con una presa talmente molle che ne pregiudica l'operato. È cosa sbagliata non mettere mano ai problemi, ma altrettanto lo è mettervi mano senza l'opportuna risolutezza[158].

"Avere a mente le cifre", significa che dobbiamo prestare attenzione all'aspetto quantitativo di una situazione o di un problema e operare un'analisi quantitativa approfondita. Ogni qualità si manifesta in una determinata quantità: senza quantità non può esservi qualità. Fino a oggi, alcuni nostri compagni non hanno ancora compreso che devono prestare attenzione all'aspetto quantitativo delle cose, alle statistiche basilari, alle principali percentuali e ai limiti quantitativi che determinano la qualità delle cose. Essi non hanno "cifre" in testa per cui non possono evitare di commettere errori[159].

"Avviso al pubblico". Le assemblee devono essere annunciate in largo anticipo; questo equivale a mettere un avviso pubblico, fare in modo che ognuno sia a conoscenza di cosa si andrà a discutere e quali siano i problemi da risolvere, affinché possa prepararsi per tempo. In qualche posto, le riunioni di quadri sono convocate senza che siano stati prima preparati rapporti e progetti di risoluzioni, che vengono improvvisati alla meglio quando i partecipanti sono già in sala. Questo rammenta il detto: "Truppe e cavalli sono arrivati, ma viveri e foraggio non sono ancora pronti". Ciò è sbagliato. Non convocate assemblee senza aver prima ultimato i preparativi[160]. "Meno soldati ma meglio addestrati e amministrazione più semplice". Conversazioni, discorsi, articoli e risoluzioni devono essere chiari ed essenziali. Questo vale anche per la durata delle riunioni che non devono protrarsi troppo a lungo[161]. Abbiate cura di operare insieme ai compagni che hanno vedute diverse dalle vostre. Questo precetto deve essere osservato sia in ambito civile, quanto nell'esercito. Esso va applicato anche nelle relazioni con coloro che non appartengono al

---

158 Ibid.

159 Ibid.

160 Ibid.

161 Ibid.

Partito[162]. Guardatevi dall'arroganza. Per chiunque ricopra una carica direttiva questa è una regola da rispettare per mantenere l'unità. E non devono mostrare arroganza neppure coloro che hanno conseguito enormi successi nel lavoro o non hanno mai commesso gravi errori[163].

Tracciate dei solchi invalicabili. Innanzitutto, tra rivoluzione e controrivoluzione, tra Yenan e Sian[164]. Alcuni non capiscono che devono scavare questo solco in quanto linea di confine. Per esempio, nel combattere la burocrazia, non parlano di Yenan in maniera positiva, né la paragonano a ciò che era la burocrazia di Sian. Essi, così facendo, commettono un errore fondamentale. Secondariamente, nei ranghi rivoluzionari, è necessario fare una chiara distinzione tra giusto e sbagliato e stabilire quale dei due si trovi al primo e quale al secondo posto. Portando un esempio, i successi ammontano al 30% o al 70% del totale? Questa è una valutazione che non va fatta per eccesso, né per difetto. Dobbiamo valutare a fondo il lavoro di una persona e stabilire esattamente a quanto ammontano le sue riuscite. Se queste raggiungono il 70%, egli ha svolto un buon lavoro, per cui sarebbe errato sostenere che le cose negative sono in prevalenza. Nell'esaminare i problemi, non dobbiamo mai dimenticare di scavare questa linea di confine fra rivoluzione e controrivoluzione, tra successi e deficienze. Se terremo a mente queste due distinzioni, saremo in grado di operare nel modo corretto, in caso contrario confonderemo la natura dei problemi. Per fare bene queste distinzioni è necessario uno studio e un'analisi accurata, che dobbiamo riservare anche ad ogni persona e a ogni problema che ci si prospetta innanzi[165]. Nel campo organizzativo, occorre assicurare la democrazia sotto una direzione centralizzata. Questo deve essere attuato, attenendosi ai seguenti presupposti:

1. Gli organi dirigenti del Partito devono tracciare una giu-

---

162 Ibid.

163 Ibid.

164 Ndt. Yenan fu la sede del Comitato centrale del PCC dal gennaio 1937 al marzo 1947. Sian era fulcro del predominio reazionario del Kuomintang

165 "Metodi di lavoro dei Comitati di Partito" (Opere scelte vol. I)

sta linea direttrice e trovare la soluzione ai problemi che sorgono, in modo da porsi come centri di direzione.

2. Gli organismi superiori devono essere a conoscenza della situazione esistente negli organismi inferiori e nella vita delle masse, in modo da avere una visione obiettiva e poter segnare il giusto cammino da percorrere.

Nessun organismo di Partito a qualsiasi livello, deve prendere decisioni avventate al fine di ovviare ad alcuni problemi, ma, una volta presa una decisione, questa deve essere messa in pratica con decisione e fermezza

Tutte le decisioni di una qualche importanza prese dagli organismi superiori devono essere immediatamente comunicate a quelli inferiori e da questi ai membri del Partito [...]

Gli organismi inferiori del Partito e i membri del Partito sono tenuti a discutere nel dettaglio le direttive degli organismi superiori, per comprenderne appieno il significato e decidere i modi in cui metterle in pratica[166].

LA LINEA DI MASSIMA

Il popolo, solo lui è la forza motrice che genera e alimenta la storia del nostro pianeta[167]. I veri eroi sono le masse, mentre noi spesso siamo infantili e ridicoli; se non abbiamo piena comprensione di questo, non potremo acquisire alcuna conoscenza, neppure rudimentale[168]. Le masse popolari dispongono di un'illimitata forza creativa. Esse sono capaci di organizzarsi e concentrare i loro sforzi in luoghi e settori di lavoro dove possono dare libero sfogo alla loro energia; possono focalizzare il loro impegno nella produzione, in ampiezza come in profondità, e creare un numero sempre crescente di opere per il proprio benessere[169].

---

166 "Come correggere le idee sbagliate del Partito" (dicembre 1929, Opere scelte, vol. I).

167 "Sul governo di coalizione" (24 aprile 1945, Opere scelte, vol. III

168 Premessa a "Inchieste nelle campagne" (marzo-aprile 1941, Opere scelte, vol. III)

169 Nota introduttiva all'articolo "Una soluzione ai problemi dell'eccedenza di manodopera" (1955)

Il corrente slancio del movimento contadino è un avvenimento di proporzioni colossali. Tra non molto, in tutta la Cina, centinaia di milioni di contadini insorgeranno come una violenta tempesta, come un uragano e il loro impeto sarà tale, che nessuna forza, per quanto potente, riuscirà a fermarli. Spezzate tutte le catene, essi si lanceranno sulla strada della liberazione, spingendo nella fossa tutti gli imperialisti, i signori della guerra, i funzionari corrotti e i despoti locali. Ogni Partito rivoluzionario e ogni compagno rivoluzionario sarà messo alla prova e dovrà decidere con chi schierarsi. Vi sono tre alternative: mettersi alla testa dei contadini e guidarli, seguirli da tergo criticandoli o sbarrare loro la strada e affrontarli. Ogni cinese è libero di scegliere cosa fare, ma gli accadimenti non tarderanno a costringerlo a una scelta[170]. L'onda della trasformazione sociale contadina, della cooperazione, presto raggiungerà l'intero paese. Si tratta di un vasto movimento rivoluzionario socialista, che interessa una popolazione rurale di oltre 500 milioni; la sua importanza è inimmaginabile e di portata internazionale. Dobbiamo fornire a questo movimento una guida attiva, entusiasta e sistematica, non farlo tornare sui suoi passi. In un movimento di questa portata, alcuni errori sono inevitabili e questo è comprensibile, ma non sarà compito improbo correggerli. Se li aiuteremo attivamente, i quadri contadini sapranno correggere e superare ogni loro deficienza[171].

Le masse provano un incontenibile entusiasmo per il socialismo. A cui rimangono ciechi solo coloro che, in un'epoca rivoluzionaria, si ostinano a mantenere le vecchie abitudini e se ne nutrono. Davanti a questi individui, l'orizzonte si configura di un nero impenetrabile. Talvolta arrivano persino a confondere ciò che è giusto e ciò che è sbagliato e il nero con il bianco. Di persone di tal fatta non ne abbiamo forse incontrate a sufficienza? Quanti si limitano a seguire antiche abitudini sottostimano l'entusiasmo del popolo. Non appena prende vita qualcosa di innovativo, essi, subito disapprovando, si affrettano ad avversar-

---

170 Rapporto dell'inchiesta sul movimento contadino nello Human (marzo 1927, Opere scelte, vol. I).

171 "Sul problema della cooperazione agricola" (31 luglio 1955).

lo. In seguito, dovendo, loro malgrado, ammettere di essersi sbagliati, si dilettano in una parziale autocritica. Poi, come se niente fosse accaduto, quando si trovano nuovamente davanti a una cosa nuova, ripercorrono lo stesso processo. Questo è il tipico atteggiamento che assumono verso ogni innovazione. Persone del genere sono sempre passive, non avanzano mai nel momento critico, necessitano in ogni situazione di un pungolo per muovere un passo[172]. Da oltre un ventennio il nostro Partito conduce un quotidiano lavoro di massa e da almeno una decina di anni ogni giorno parla della linea di massa. Abbiamo sempre sostenuto che la rivoluzione deve avere il sostegno delle masse popolari, fare affidamento su ogni uomo del popolo e ci siamo sempre dichiarati contrari ad avvalerci del supporto di poche persone che impartiscono ordini. In verità, non tutti i compagni, applicano ancora a fondo la linea di massa; essi, infatti, continuano ad affidarsi a un ristretto cerchio di individui, lavorando nel più assoluto isolamento. Una delle ragioni sta nel fatto che, qualsiasi cosa facciano, non sono disposti a darne motivazione a coloro che dirigono e non sono capaci di svilupparne l'iniziativa e la forza creativa. Soggettivamente, anch'essi vogliono che ciascuno prenda parte al lavoro, ma non fanno sapere agli altri cosa c'è da fare, perché e in che modo vada realizzato. Agendo in questo modo, come è possibile attendersi che ognuno si muova e che lo faccia nel modo più corretto? Per ovviare a questo problema, è necessario fornire un'educazione ideologica sulla linea di massa e, allo stesso tempo, insegnare a questi compagni sistemi concreti di lavoro[173]. Ventiquattro anni di esperienza dimostrano che un compito, una politica e uno stile di lavoro giusti corrispondono invariabilmente alle esigenze delle masse e, allo stesso modo, favoriscono il rafforzarsi del nostro legame con quelle; che un compito, una politica e uno stile di lavoro errati invariabilmente non soddisfano le esigenze delle masse e inevitabilmente ci allontanano da loro. Mali come il dogmatismo, l'empirismo, l'autoritarismo, il

---

172 Nota introduttiva all'articolo: "In due anni questo cantone ha realizzato la cooperazione agricola" (1955)

173 Discorso tenuto ai redattori del Shansi-Suiyuan (2 aprile 1948, Opere scelte, vol. IV)

settarismo, il burocratismo e l'arroganza nel lavoro sono nocivi e inaccettabili e tutti coloro che ne soffrono devono guarirne, perché ci discostano dalle masse[174]. Per stabilire un legame con le masse, dobbiamo agire in conformità con i loro bisogni e le loro aspirazioni. Ogni lavoro compiuto per le masse deve partire dalle loro necessità e non, per quanto bene intenzionato, dalla volontà di un solo individuo. Avviene abbastanza spesso che le masse abbiano bisogno di una certa oggettiva trasformazione, ma che, soggettivamente, non abbiano ancora coscienza di questo bisogno e neppure avvertano il desiderio o la decisione di compierla. In tal caso, è necessario pazientare, attendere perché questa trasformazione sarà possibile solo quando, a seguito del nostro operato, le masse saranno in prevalenza divenute coscienti di questo loro bisogno, acquisendo così il desiderio e la decisione di concretizzarlo. Agendo diversamente, ci allontaneremo dalle masse. Qualunque lavoro che richieda la partecipazione delle masse sarà destinato al fallimento laddove le masse, non avendo preso coscienza della necessità di quel dato lavoro da svolgere, siano restie a eseguirlo [...]. Si tratta qui di due principi: il primo concerne i bisogni concreti delle masse e non quelli sorti dalla nostra immaginazione; il secondo riguarda il volere delle masse che devono decidere indipendentemente da noi[175].

Il nostro congresso deve fare appello a tutto il Partito perché vigili attentamente che nessun compagno, qualsiasi posizione occupi, si distacchi dalle masse. Esso deve insegnare a ogni compagno ad amare le masse popolari, ad ascoltarne attentamente le voci, a identificarsi con loro ovunque si trovi e, invece di porsi al di sopra, andare tra quelle ad elevarne e risvegliarne la coscienza politica; tenendo conto del loro livello attuale, egli deve aiutarle gradualmente a organizzarsi sulla base del libero consenso e dare così inizio a tutte le lotte necessarie che le circostanze esterne e interne rendono possibili in un dato momento e in un dato luogo[176]. Se tentassimo di passare all'offensiva, quando le masse non

---

174 "Sul governo di coalizione" (24 aprile 1945, Opere scelte, vol. III).

175 "Il fronte unito nel lavoro culturale" (30 ottobre 1944, Opere scelte, vol. III)

176 Sul governo di coalizione" (24 aprile 1945, Opere scelte, vol. III).

hanno ancora preso coscienza, saremmo degli avventurieri. Se ci ostinassimo a fare agire le masse contro la loro volontà, saremo destinati all'insuccesso. Se non avanzassimo quando le masse ne avvertono l'esigenza e lo chiedono, il nostro sarebbe opportunismo di destra[177].

L'autoritarismo è un errore in qualunque tipo di lavoro perché, spingendosi oltre il livello di coscienza politica delle masse e violando il precetto dell'azione volontaria delle stesse, riflette quella patologia che prende il nome di fretta. I nostri compagni non devono credere che tutto ciò che comprendono sia percepito dalle masse. Solo immergendosi in quelle e interrogandole, possiamo sapere se hanno compreso, cosa e se si ritengono pronte ad agire. Agendo così, possiamo evitare di cadere nell'autoritarismo. Il codismo[178], in qualunque attività, è anch'esso un errore perché, non raggiungendo il livello di coscienza politica delle masse e violando il principio di guidare le masse nella loro avanzata, riflette un'altra patologia chiamata lentezza. I nostri compagni non devono ritenere che quanto essi ancora non comprendono sia altrettanto ignoto alle masse. Accade sovente che quelle, avendo necessità impellente di fare un passo avanti, ci sopravanzino e che i nostri compagni, incapaci di guidarle, si assoggettino ad alcuni elementi retrogradi, condividendone i punti di vista perché persuasi ch'essi rispecchino appieno quelli delle masse[179].

Raccogliere le idee delle masse, sintetizzarle e ricondurle alle masse affinché esse trovino applicazione concreta: questo è il sistema su cui si deve basare la direzione[180]. Le masse, ovunque, sono generalmente composte da tre categorie di soggetti: i parzialmente attivi, gli intermedi e gli scettici. I dirigenti devono possedere la capacità di unire il ristretto numero dei soggetti parzialmente attivi alla direzione e fare affidamento su quelli per

177 Discorso tenuto ai redattori del Shansi-Suiyuan (2 aprile 1948, Opere scelte, vol. IV).

178 Ndt. Con il termine 'codismo' Mao Tse-tung intendeva lo stare alla coda delle masse, sottomettersi alla spontaneità delle masse e quindi non essere l'avanguardia che ha la direzione delle masse e ne eleva la coscienza.

179 "Sul governo di coalizione" (25 aprile 1945, Opere scelte, vol. III)

180 "Alcune questioni concernenti i sistemi di direzione" (1° giugno 1943, Opere scelte, vol. III)

elevare il livello dei soggetti intermedi e conquistare gli scettici[181].

Se non è legata a quella delle larghe masse, per quanto laboriosa possa essere l'attività del nostro gruppo dirigente, si ridurrà allo sterile sforzo di una manciata di persone. D'altra parte, se solo le larghe masse si mostrano attive e non c'è un solido gruppo dirigente capace di organizzarle in modo adeguato la loro attività avrà vita breve e non potrà svilupparsi in maniera appropriata, né raggiungere obiettivi importanti[182]. Attività produttive delle masse, interessi, esperienze e sentimenti delle stesse sono cose a cui i quadri dirigenti devono prestare costante attenzione[183]. Dobbiamo prestare massimo impegno al benessere delle masse, ai problemi del lavoro a quelli del combustibile, del riso, dell'olio, del sale [...]. Tutti i loro problemi devono sempre essere messi all'ordine del giorno. È nostro dovere discuterli, prendere delle decisioni, applicarle e verificarne i risultati.

Dobbiamo aiutare le masse a comprendere che noi tuteliamo i loro interessi, che la loro vita è la nostra stessa vita. E, partendo da tutte queste cose, far loro capire, i compiti e gli obiettivi più importanti che ci siamo posti, la guerra rivoluzionaria, in modo che esse la appoggino diffondendola nell'intero paese, rispondano ai nostri appelli politici e ci affianchino nella lotta fino alla vittoria[184].

IL LAVORO POLITICO

Durante la prima guerra rivoluzionaria (1924 – 1927)[185]

---

181 "Alcune questioni riguardanti i metodi di direzione" (2 aprile 1948, Opere scelte, vol. IV).

182 "Alcune questioni concernenti i metodi di direzione" (1° giugno 1943, Opere scelte, vol. III)

183 Iscrizione per una mostra sulla produzione patrocinata dalle organizzazioni direttamente dipendenti dal Comitato centrale del Partito e dal Quartier generale dell'VIII armata (24 novembre 1943)

184 "Preoccuparsi del benessere delle masse, porre attenzione ai metodi di lavoro" (27 gennaio 1934, Opere scelte, vol. I).

185 5 Ndt. Durante la prima Guerra civile rivoluzionaria (1924-1927), una dura lotta oppose

nell'esercito venne istituito il sistema, fino ad allora sconosciuto in Cina, dei delegati di Partito e dei dipendenti politici, che valse a mutare radicalmente la fisionomia dell'esercito. Dopo il 1927, questo sistema fu ereditato, rinnovato e ampliato dall'Esercito Rosso e, successivamente, dall'attuale Ottava Armata[186]. Basandosi sulla guerra popolare e sui precetti dell'unità tra esercito e popolo, tra ufficiali e soldati e su quelli della disgregazione delle milizie nemiche, l'Esercito Popolare di Liberazione ha sviluppato il suo imponente lavoro politico e rivoluzionario, lavoro che costituisce un importante fattore nel conseguire la vittoria sul nemico[187]. Questo esercito ha istituito un sistema di lavoro politico indispensabile alla guerra popolare, che mira a promuovere l'unità tra le sue file, con gli eserciti amici e con il popolo, per abbattere il nemico e assicurarsi la vittoria in battaglia[188]. Il lavoro politico rappresenta la linfa vitale di ogni economia. E questo appare ancora più vero, in un momento in cui il sistema economico-sociale è sottoposto a un radicale cambiamento[189].

"La cellula di Partito è organizzata sulla base della compagnia". Questa è la ragione che ha permesso all'Esercito Rosso di condurre una lotta tanto complicata senza disgregarsi[190].

Il lavoro politico dell'Ottava Armata è sorretto da tre fondamentali principi:

1. Il principio dell'unità tra ufficiali e soldati, che sta a significare sradicare dall'esercito i metodi feudali, abolire le pene corporali e le offese, creando una disciplina consapevole e una vita in cui momenti felici e sofferenze sono condivisi da tutti. Il prodotto di tutto ciò sono forze armate particolarmente coese.

2. Il principio dell'unità tra esercito e popolo, che sta a si-

---

la linea rivoluzionaria del Presidente Mao alla linea opportunista di destra di Chen Tu-hsiu. Fu allora che i movimenti rivoluzionari operaio e contadino si diffusero in tutto il paese

186 Intervista concessa al giornalista inglese James Bertram (25 ottobre 1937, Opere scelte, vol. II).

187 "La situazione attuale e i nostri compiti" (25 dicembre 1947, Opere scelte, vol. IV).

188 "Sul governo di coalizione" (24 aprile 1945, Opere scelte, vol. III).

189 9 Nota introduttiva all'articolo "Una seria lezione" (1955).

190 "La lotta sui monti Chingkang" (25 novembre 1928), Opere scelte, vol. I).

gnificare mantenere una disciplina che impedisca ogni violazione, seppur minima, degli interessi del popolo, svolgere opera di propaganda tra le masse, organizzarle, armarle, lenirne gli aggravi economici, colpire i traditori e i collaborazionisti, i quali sono nocivi tanto alle forze armate quanto al popolo. Il risultato di tutto ciò è che l'esercito è strettamente unito al popolo e ovunque ben accolto.

3. Il principio di disgregare le armate nemiche e riservare un trattamento civile ai prigionieri di guerra. La nostra vittoria dipende non solo dalle operazioni militari portate a termine dalle nostre truppe, ma anche dalla disgregazione delle milizie nemiche[191].

I nostri soldati sono tenuti all'osservanza delle norme che regolano i rapporti tra esercito e popolo, tra esercito e governo, tra esercito e Partito, tra ufficiali e militari, tra lavoro militare e lavoro politico, delle norme che regolano i rapporti tra i quadri e non devono mai cadere nel militarismo tanto caro ai signori della guerra. Gli ufficiali devono prendersi cura dei loro soldati senza mai mostrarsi indifferenti o infliggere punizioni corporali; l'esercito è tenuto a prendersi cura del popolo senza lederne mai gli interessi; deve portare rispetto al Governo e al Partito e mai deve rivendicare un qualche indipendenza[192].

Quanto ai prigionieri fatti tra le truppe Giapponesi, tra i governi fantoccio o tra coloro avversi al comunismo, la nostra politica è di restituire loro la libertà eccezion fatta per quanti, fortemente invisi alle masse, dopo averne ricevuto consenso dalle maggiori autorità, devono essere necessariamente giustiziati. Tra i prigionieri, coloro che sono stati arruolati a forza tra le schiere reazionarie, ma che si dichiarano più o meno favorevoli alla rivoluzione, devono essere portati in massa dalla nostra parte e fatti lavorare per il nostro esercito. Gli altri devono essere tutti rilasciati: e, se decideranno di combattere ancora contro di noi

---

191 Intervista concessa al giornalista inglese James Bertram (25 ottobre 1937, *Opere scelte*, vol. II)

192 "Organizziamoci" (29 novembre 1943, *Opere scelte*, vol. III).

e verranno ancora fatti prigionieri, nuovamente dovranno essere rimessi in libertà. Non dobbiamo insultarli né irriderli, non dobbiamo sottrarre loro denaro o gli effetti personali, né tentare di ottenere da loro ritrattazioni, ma trattarli senza eccezione, con riguardo e gentilezza. Questa, per quanto possano essere reazionari, deve essere la nostra politica verso i prigionieri. Essa è una politica particolarmente efficace per isolare il campo della reazione[193].

In guerra, le armi sono un fattore di estrema importanza, ma non decisivo, perché gli uomini sono il valore aggiunto, non le cose. Il rapporto di forza non è solo tra potenza militare ed economia, ma anche tra potenziale umano e morale. Sia la potenza militare quanto quella economica sono necessariamente controllate dall'uomo[194].

L'atomica è una tigre di carta di cui i reazionari americani si servono per terrorizzare i popoli. Pare quella un'arma terribile, ma in realtà non lo è. Certamente è un'arma di distruzione di massa, ma l'esito di un conflitto è determinato dal popolo, non da una o due armi innovative[195].

I soldati rappresentano le fondamenta dell'esercito; se non si infonde in loro uno spirito politico progressista e non ci si prodiga ad alimentarlo, sarà improbabile raggiungere una vera unità tra ufficiali e soldati, e risvegliare in loro entusiasmo per la Guerra di resistenza, gettando così basi che ci consentano un impiego più proficuo della nostra tattica[196].

Tra un certo numero di compagni dell'Esercito Rosso è particolarmente diffusa la mentalità puramente militaresca. Alcuni compagni considerano gli affari militari e la politica in opposizione tra loro rifiutandosi di riconoscere quanto i primi siano unicamente un mezzo per adempiere ai compiti politici. Taluni affermano: "Se gli affari militari procedono bene, altrettanto var-

---

193 "Sulla politica" (25 dicembre 1941, Opere scelte, vol. II)

194 "Sulla guerra di lunga durata" (maggio 1938, Opere scelte, vol. II).

195 Intervista concessa alla giornalista americana Anna Louise Strong (agosto 1946, Opere scelte, vol. IV).

196 "Sulla guerra di lunga durata" (maggio 1938, Opere scelte, vol. II).

rà per la politica, se invece vanno male, la politica ne condividerà la sorte". Questo significa spostare l'ago della bilancia e dare agli affari militari netto predominio sulla politica [...][197]. Tenere salda l'educazione ideologica è compito di primaria importanza per unire tutto il Partito in vita delle grandi lotte politiche. Se questo compito è disatteso, il Partito non può adempiere ad alcuno dei suoi compiti politici[198].

Nell'ultimo periodo si è registrato un declinare del lavoro ideologico e politico tra gli intellettuali e gli studenti e la comparsa di una qualche tendenza malsana. A quanto sembra, vi sono alcuni che reputano ormai superfluo interessarsi della politica, del futuro della nostra nazione e dei grandi ideali dell'umanità, come se il marxismo, un tempo molto in voga, fosse ormai superato. Per contrastare queste tendenze, dobbiamo rafforzare il lavoro ideologico e politico. Tanto gli intellettuali quanto gli studenti devono applicarsi allo studio con impegno. Oltre a occuparsi delle loro materie specifiche, devono compiere progressi dove sono più carenti, imparando a fondo la teoria marxista e approfondendo i problemi dell'attualità. Non disporre di una corretta visione politica è come non avere un'anima [...] Tutti gli organismi e tutte le organizzazioni sono tenute ad assumersi la responsabilità del lavoro ideologico e politico. Questo vale per il Partito Comunista, la Lega delle Gioventù, gli organismi governativi direttamente chiamati in causa e, in particolare, i dirigenti di certi istituti scolastici e i loro insegnanti[199].

Grazie all'educazione politica ricevuta, i soldati dell'Esercito Rosso hanno tutti acquisito una coscienza di classe, le nozioni essenziali su come distribuire la terra, instaurare il potere politico, armare gli operai e i contadini etc.... e sanno che combattono per loro stessi, per la classe operaia e la classe contadina. Ecco il motivo per cui riescono a sopportare le dure prove dell'aspra lotta a cui sono chiamati senza lagnarsene. Ogni compagnia, battaglione o reggimento dispone di una delegazione di soldati che ne

---

197 "Come correggere le idee errate del Partito" (dicembre 1929, Opere scelte, vol. I).

198 "Sul governo di coalizione" (24 aprile 1945, Opere scelte, vol. III).

199 "Sulla giusta soluzione alle contraddizioni in seno al popolo" (27 febbraio 1957).

difendono gli interessi e conduce il lavoro politico e di massa[200].

Il corretto sviluppo del movimento per la denuncia delle ingiustizie e dei torti subiti dalle masse lavoratrici per mano della precedente società o dei reazionari e i tre accertamenti – sull'origine di classe, sull'adempimento del lavoro e lo spirito combattivo – ha favorito nei soldati dell'esercito lo svilupparsi della coscienza politica nella lotta per l'emancipazione delle masse lavoratrici sfruttate; per l'attuazione della riforma agraria in tutto il paese; per la distruzione di Chiang Kai-shek nemico del popolo. Ha inoltre notevolmente rafforzato la stretta unità esistente sotto la direzione del Partito Comunista. Su questa base, l'esercito ha compiuto un'opera di ulteriore risanamento delle proprie file, ha rafforzato la disciplina, ha dato vita a un movimento di massa per l'addestramento militare e sviluppato ulteriormente la sua democrazia politica, economica e militare, in modo ordinato e corretto. Questo esercito, a cui ognuno fornisce il suo contributo di idee e di energie, è perciò unito come un solo uomo, è un esercito che non teme i sacrifici, capace di superare ogni difficoltà materiale, che dà prova di eroismo e coraggio collettivo nel combattere il nemico. Un esercito di questa portata non ha rivali: è invincibile[201].

Nel corso degli ultimi mesi, quasi tutte le unità dell'Esercito popolare di Liberazione, nell'intervallo tra uno scontro armato e l'altro, hanno dato vita a un vasto movimento per l'educazione politico-ideologica e l'addestramento. Questo movimento si è sviluppato sotto una ferma guida e in modo democratico. Ciò è valso da stimolo all'ardore rivoluzionario delle grandi masse degli ufficiali e dei soldati, ha fatto loro comprendere quale sia lo scopo della guerra, eliminato certe derive ideologiche errate e alcune biasimevoli manifestazioni di queste verificatesi nell'esercito, accrescendo fortemente la capacità combattiva delle nostre Forze Armate. Dobbiamo adesso impegnarci a stimolare lo sviluppo di questo innovativo movimento di educazione ideologica in seno

---

200 "La lotta sui monti Chungkang (25 novembre 1928, Opere scelte, vol. I)
201 "Sulla grande vittoria conseguita nel Nord-Ovest e sul movimento di educazione ideologica di nuovo tipo nell'Esercito di Liberazione (7 marzo 1948, Opere scelte, vol. IV).

all'esercito, perché esso ha carattere democratico e collettivo[202].

L'educazione militare nella politica antigiapponese richiede di seguire un orizzonte politico fermo e coerente, uno stile di lavoro semplice e laborioso, una strategia flessibile e dinamica. Questi sono i tre principi cardine essenziali alla formazione di un soldato rivoluzionario antigiapponese. Sono questi i precetti a cui il personale amministrativo, gli insegnanti, gli allievi devono conformare il loro lavoro[203]. Il nostro paese ha sempre dovuto adottare uno stile di dura lotta che noi siamo tenuti a sviluppare [...]. Il Partito Comunista ha sempre sostenuto un orientamento politico fermo e coerente [...]. Senza un deciso e corretto orientamento politico è impossibile promuovere uno stile di dura lotta e, senza questo stile, risulta impossibile mantenere un orientamento politico fermo, corretto, coerente[204].

Unità, dinamismo, serietà e vitalità[205].

Veramente importante per il mondo è la coscienziosità e, a questo riguardo, il Partito Comunista è particolarmente esigente [206].

SUI RAPPORTI TRA UFFICIALI E SOLDATI

Il nostro esercito ha sempre obbedito a due principi:
1. Mostrarsi implacabili verso i nemici, sopraffacendoli e annientandoli.
2. Comportarsi sempre con garbo e correttezza con il nostro popolo, i compagni, i superiori e i sottoposti per conservare l'unità[207]. Accorsi da ogni angolo del paese, ci sia-

---

202 Discorso tenuto a una conferenza di quadri della zona liberata Shansi-Suiyuan (1° aprile 1948, Opere scelte, vol. IV)

203 "Essere attaccati dal nemico è cosa positiva, non negativa" (26 maggio, 1939)

204 4 Discorso tenuto al raduno tenutosi a Yenan per la celebrazione della Festa Internazionale dei Lavoratori (1° maggio 1939).

205 Motto per l'Università militare politica antigiapponese.

206 Incontro con gli studenti cinesi che frequentano corsi di specializzazione a Mosca (17 novembre 1957).

207 Discorso tenuto al ricevimento dato dal Comitato centrale del Partito in onore dei delegati degli attivisti dello studio inviati dai reggimenti delle retrovie (18 settembre 1944).

mo riuniti per un comune obiettivo rivoluzionario [...].
I nostri quadri devono avere cura di ogni singolo soldato
come altrettanto tutte le componenti delle file rivoluzionarie devono avere cura le une delle altre, amandosi e so-
stenendosi reciprocamente[208]. In ogni unità dell'esercito
deve essere istituito un movimento per educare i quadri
a prendersi cura dei soldati e i secondi a fare affidamento
sui primi. Essi devono parlare apertamente tra loro delle
proprie carenze ed errori per correggerli quanto prima.
Agendo in questo modo, si verrà a instaurare tra loro una
perfetta unità[209].

Molti ritengono che siano i metodi sbagliati la causa dei rapporti tesi tra ufficiali e soldati e tra esercito e popolo, ma io sono
convinto si tratti di una questione di atteggiamento basilare,
ovvero che si tratti di portare sempre massimo rispetto sia alle
Forze Armate quanto al popolo. È da questo atteggiamento che
derivano la politica, i metodi e le forme di intervento più appro-
priate. Se ci discostiamo da questo rispetto reciproco, la politica,
i metodi e le forme saranno inevitabilmente scorretti e i rapporti
tra ufficiali e soldati, tra esercito e popolo perennemente tesi.

I tre sommi principi a cui fare riferimento nel lavoro politico
svolto dall'esercito sono:

1. L'unità tra ufficiali e soldati.
2. L'unità tra esercito e popolo.
3. La disgregazione delle forze nemiche. Per mettere in pratica questi tre punti è fondamentale partire dal rispetto
   dovuto ai soldati e al popolo, da quello dovuto alla digni-
   tà umana dei prigionieri di guerra. Quanti considerano
   tutto questo un tecnicismo e non un basilare concetto,
   sono tenuti a rivedere le loro opinioni perché si trovano
   in errore[210].

I comunisti, quando svolgono la loro attività tra i lavoratori,
devono adottare il metodo democratico della persuasione e mai

---

208 "Al servizio del popolo" (8 settembre 1944, Opere scelte, Vol. III).

209 "I compiti per il 1945" (15 dicembre 1944).

210 "Sulla guerra di lunga durata" (maggio 1938, Opere scelte, Vol. II).

ricorrere all'autoritarismo e alla coercizione. Il PCC è assolutamente fedele a questo comandamento marxista-leninista[211].

I nostri compagni devono capire che la rieducazione ideologica richiede tempi di lavoro lunghi, pazienza e accuratezza; è il-
lusorio credere di poter riuscire a cambiare un modo di pensare
- venutosi a creare nel corso di decenni - con qualche conferenza,
assemblea o riunione. L'unico mezzo a cui si deve ricorrere per
far mutare un'idea è il convincimento e mai la coercizione. Questa, infatti, potrà sottomettere, ma mai persuadere intimamente
alcuno. Fare opera di convincimento ricorrendo alla forza è da
noi considerato inammissibile. Questo metodo, talvolta, è tolle-
rato se lo si attua nei confronti del nemico, ma è ritenuto inammissibile nei confronti dei compagni[212].

Dobbiamo fare una distinzione netta tra noi e il nemico, evitando di assumere una posizione antagonista verso i compagni.
Nel parlare bisogna essere animati da un ardente desiderio di pe-
rorare la causa del popolo ed elevarne la coscienza politica e, nel
fare questo, non bisogna mai mettere in ridicolo o attaccare gli
altri[213].

SUI RAPPORTI TRA ESERCITO E POPOLO

L'esercito deve essere cosa unica con il popolo se si vuole che
il popolo lo consideri parte di sé. Un esercito che riesca in questo
lo si può considerare invincibile[214]. Bisogna far comprendere a
ogni compagno che, finché faremo affidamento sul popolo e cre-
deremo fermamente nelle inesauribili capacità creative delle masse popolari, identificandoci in loro, riusciremo a superare ogni
difficoltà e nessun nemico ci potrà sopraffare, anzi, saremo noi

---

211 "Sulla giusta soluzione alle contraddizioni in seno al popolo" (27 febbraio 1957).

212 Discorso tenuto alla Conferenza nazionale del PCC sul lavoro di propaganda (12 marzo
1957).

213 Ibid.

214 "Sulla guerra di lunga durata" (maggio 1938, Opere scelte, Vol. II).

a sbaragliare lui[215]. Ovunque si trovino, i nostri compagni sono tenuti a intrattenere ottimi rapporti con le masse, prendersi cura di esse e aiutarle a superare le difficoltà. Dobbiamo unirci alle grandi masse popolari: quanto più ci riusciremo, maggiore sarà il giovamento che ne trarremo[216].

Nelle regioni liberate, l'esercito deve sostenere il governo e prendersi cura del popolo, mentre i giovani democratici devono guidarlo, collaborare con l'esercito e riservare un trattamento preferenziale alle famiglie dei soldati impegnati nel conflitto contro il Giappone. In questo modo i rapporti tra esercito e popolo andranno via via migliorando[217].

Nell'esercito, il compito di appoggiare il governo e avere cura del popolo deve essere svolto attraverso l'educazione ideologica di tutti gli ufficiali e soldati, perché questi ne comprendano appieno l'importanza. Se, per quanto lo concerne, l'esercito saprà assolvere a questo compito, anche l'organizzazione locale del Partito, il governo locale e il popolo miglioreranno i loro rapporti con l'esercito[218].

Nel corso di questi due movimenti – "appoggiare il governo e avere cura del popolo" e "appoggiare l'esercito e riservare un trattamento preferenziale alle famiglie dei soldati impiegati nel conflitto contro il Giappone" – l'esercito da un lato, e il Partito e il governo dall'altro, devono esaminare accuratamente le deficienze e gli errori verificatesi nel 1943 e correggerli con decisione durante il 1944. Da ora in avanti, simili movimenti devono essere iniziati ovunque nel primo mese di ogni anno lunare e, durante quelli, devono essere letti e riletti gli impegni presi per "appoggiare il governo e avere cura del popolo" e "appoggiare l'esercito e riservare un trattamento preferenziale alle famiglie dei soldati impiegati nel conflitto contro il Giappone" e si devono compiere ripetute autocritiche al cospetto delle masse, in merito alle caren-

---

215 "Sul governo di coalizione" (24 aprile 1945, Opere scelte, Vol. III)

216 "Sui negoziati di Chungking (17 ottobre 1945, Opere scelte, Vol. IV).

217 "Sul governo di coalizione" (25 aprile 1945, Opere scelte, Vol. III).

218 "Orientamento del lavoro per il 1946 nelle zone liberate" (15 dicembre 1945, Opere scelte, Vol. IV)

ze e agli errori verificatesi nelle basi d'appoggio: prepotenze compiute dalle milizie verso gli organi di Partito e del governo, verso le organizzazioni di massa o il popolo; insufficiente assistenza alle truppe da parte degli organismi di Partito e di governo, delle organizzazioni di massa o del popolo... Ogni parte dovrà fare autocritica, astenendosi dal giudicare l'altra, solo così verranno corretti gli errori e si porrà rimedio alle mancanze[219].

LE TRE DEMOCRAZIE

Dobbiamo procedere a un'adeguata democratizzazione dell'esercito, soprattutto interrompendo la consuetudine feudale di maltrattare e picchiare i soldati e facendo in modo che gli ufficiali e soldati condividano sofferenze e gioie. Così facendo, rafforzeremo i rapporti tra sottoposti e ufficiali, miglioreremo il potenziale offensivo delle nostre forze armate e potremo continuare a combattere questa lunga e crudele guerra con minore apprensione[220].

A prescindere dal ruolo svolto dal Partito, il motivo per cui l'Esercito Rosso è riuscito ad avanzare, nonostante la carenza di materiali e gli incessanti scontri armati, è il suo metodo democratico. Gli ufficiali non tiranneggiano i soldati e a entrambi è riservato identico trattamento; i soldati godono della libertà di assemblea e di parola; le formalità inutili sono state abolite; la contabilità può essere visionata da chiunque [...]. In Cina la democrazia non è necessaria solo al popolo, ma anche all'esercito. La democrazia è un'arma imprescindibile per abbattere un esercito mercenario-feudale[221].

Nell'esercito, la linea di condotta per il nostro lavoro politico consiste nello stimolare appieno l'attività dei soldati, degli ufficiali e di tutto il personale, per raggiungere, con un movimento

---

219 "Sviluppare nelle basi d'appoggio i movimenti per ridurre gli affitti, sviluppare la produzione, appoggiare il governo e prendersi cura del popolo" (1° ottobre 1943, Opere scelte, vol. III).

220 "Sulla guerra di lunga durata" (maggio 1938, Opere scelte, Vol. II).

221 "La lotta sui monti Chingkang" (25 novembre 1928, Opere scelte, Vol. I)

democratico sotto la direzione centralizzata, tre obiettivi fondamentali: un alto grado di unità politica, migliori condizioni di vita, tecnica e tattica militari superiori. I "tre accertamenti e i "tre miglioramenti", oggi attuati con entusiasmo nel nostro esercito, sono destinati a portare al conseguimento dei primi due obiettivi tramite la democrazia politica ed economica.

In campo economico, la democrazia consiste nel garantire ai delegati eletti dai soldati il diritto di occuparsi dell'approvvigionamento, assistendo il comando della compagnia e riconoscendone l'autorità. In campo militare, la democrazia consta nell'applicare, durante l'addestramento, il metodo dell'insegnamento reciproco tra ufficiali e soldati e tra soldati e pari grado; durante i combattimenti, nel far tenere alle compagnie in prima linea riunioni di vario genere e rilevanza. Sotto la direzione del comando di compagnia, i soldati devono essere stimolati a discutere come attaccare ed espugnare le postazioni nemiche e come portare a termine con successo gli altri compiti di lotta. Quando gli scontri armati si protraggono per giorni, è necessario tenere più assemblee. Questa forma di democrazia militare è stata messa in pratica con successo durante la battaglia di Panlung nello Shensi settentrionale e in quella di Shihchiachuang nella regione di Shansi-Chahar Hopei[222]. È stato provato che questo sistema genera solo vantaggi e non ha controindicazioni[223].

Nell'attuale grande lotta, il PCC richiede a tutti i suoi organi direttivi, a tutti i suoi membri e quadri, di dare prova di sommo spirito d'iniziativa, il solo mezzo che può assicurarci la vittoria. Concretamente, questo spirito d'iniziativa deve essere mostrato nell'energia creativa degli organi direttivi, dei quadri e di tutte le componenti del Partito, nella loro prontezza ad assumersi le responsabilità, nella passione con cui si dedicano al lavoro, nel coraggio e nella capacità di affrontare i problemi, esprimere le

---

222 Ndt. Nel maggio del 1947, l'Esercito Popolare di Liberazione accerchiò nei pressi della cittadina settentrionale Panlung più di 6.700 uomini appartenenti alle unità di Hu Tsungnan, annientandoli. Il 12 novembre dello stesso anno anche Shihchiachuang fu liberata e l'esercito nemico - che contava più di 20.000 uomini - distrutto.

223 "Il movimento democratico nell'esercito" (30 gennaio 1948, Opere scelte, Vol. IV).

proprie opinioni e criticare i difetti, nel controllo esercitato con spirito da compagni sugli organismi superiori e i dirigenti. Altrimenti lo "spirito di iniziativa" sarebbe una cosa inutile, priva di significato concreto. Lo sviluppo di questo "spirito d'iniziativa" dipende dal livello di democrazia vigente nella vita del Partito. E solo in democrazia possono emergere le persone capaci[224].

Deve essere consentito a chiunque di esprimere le proprie opinioni, anche sbagliate, purché il soggetto che le esprime non sia considerato ostile e maliziosamente di parte. I dirigenti di ogni livello sono tenuti a prestare ascolto agli altri. Bisogna attenerci a due regole:

1. Dire tutto ciò di cui si è a conoscenza senza riserve.

2. Non biasimare chi parla ma prendere le sue parole come ammonimento.

Solo se si osserva il precetto: "Non biasimare chi parla" si potrà dire "tutto ciò di cui si è a conoscenza senza riserve"[225].

Il Partito è tenuto a educare i suoi membri sulle questioni della democrazia, affinché ne comprendano appieno il significato. Solo in questo modo, potremo favorire la democrazia nel Partito, evitando, allo stesso tempo, l'eccesso di democrazia e indifferenza che distrugge la disciplina[226].

Tanto nell'esercito quanto nelle organizzazioni locali, la democrazia all'interno del Partito deve tendere a rafforzare la disciplina ed elevare la capacità combattiva[227].

Sul piano teorico, dobbiamo distruggere alla radice l'ultrademocraticismo perché danneggia le organizzazioni di Partito annullandone la capacità combattiva, rendendole inadatte a adempiere ai loro compiti di lotta e causando quindi la sconfitta della rivoluzione. Inoltre, bisogna sottolineare che l'ultra-democraticismo poggia le sue radici nell'indisciplina individualista piccolo borghese. Se questa patologia si fa strada nel Partito, porta lo stesso a un eccesso di democrazia assolutamente incompatibile

---

224 "Il ruolo del PCC nella guerra nazionale" (ottobre 1938, Opere scelte, Vol. II).
225 "I compiti per il 1945" (15 dicembre 1944).
226 "Il ruolo del PCC nella guerra nazionale" (ottobre 1938, Opere scelte, vol. II).
227 Ibid.

con i compiti di lotta del proletariato[228].

EDUCAZIONE E ADDESTRAMENTO

In merito all'educazione, la nostra politica deve consentire a chi la riceve di formarsi moralmente, intellettualmente, fisicamente e divenire un lavoratore dotato di un'ottima cultura di base e altrettanta coscienza socialista[229].

Per l'educazione dei quadri, sia sul lavoro quanto nelle cooperative, è necessario approntare un piano di studi sulle questioni pratiche della rivoluzione cinese e adottare come guida i principi fondamentali del marxismo-leninismo da un punto di osservazione statico e avulso dalla realtà[230]. Le questioni più importanti per una scuola militare sono la scelta del direttore, degli istruttori e l'elaborazione di una politica nel campo educativo[231].

Una scuola composta da un centinaio di individui non è certo in grado di funzionare a dovere se non dispone di un gruppo dirigenziale composto da almeno una dozzina di persone, istituito in funzione delle circostanze reali, comprendente gli elementi maggiormente attivi, onesti e svegli del corpo insegnante, degli studenti, degli impiegati[232]. Tutti gli ufficiali e i soldati del nostro esercito devono perfezionarsi nell'arte militare, avanzare con coraggio nella guerra in cui la vittoria sarà certamente nostra e annientare il nemico con decisione, in maniera radicale[233].

Bisogna attribuire pari importanza all'aspetto militare e a quello politico del programma annuale, appena iniziato, di edu-

---

228 "Come correggere le idee sbagliate del Partito" (dicembre 1929, Opere scelte, vol. I).

229 "Sulla giusta soluzione alle contraddizioni in seno al popolo" (27 febbraio 1957).

230 "Riformiamo il nostro studio" (maggio 1941, Opere scelte, vol. III).

231 "Problemi strategici della guerra rivoluzionaria in Cina" (dicembre 1936, Opere scelte, vol. I).

232 "Alcune questioni riguardanti i metodi di direzione" (1° giugno 1943, Opere scelte, vol. III).

233 "Manifesto dell'Esercito Popolare Cinese di Liberazione" (ottobre 1947, Opere scelte, vol. IV)

cazione politico-ideologica e di addestramento, e integrare i due aspetti. Inizialmente, bisogna porre l'accento sull'aspetto politico, migliorando soprattutto i rapporti tra ufficiali e soldati, rafforzando l'unità interna e risvegliando tra i quadri e i soldati l'entusiasmo. Solo in questo modo, l'addestramento potrà procedere gradualmente e portare al conseguimento dei risultati sperati[234]. Quanto al metodo di addestramento, dobbiamo sviluppare il movimento di massa, in cui gli ufficiali istruiscono i soldati, questi istruiscono gli ufficiali e i soldati si istruiscono a vicenda[235]. La nostra parola d'ordine nell'addestramento delle truppe è: "Gli ufficiali istruiscono i soldati, i soldati istruiscono gli ufficiali e i soldati si istruiscono tra loro". I soldati hanno generalmente grande esperienza di combattimento, per cui gli ufficiali devono imparare da loro perché, quando avranno fatte proprie le loro esperienze, saranno ancora più capaci[236]. In merito ai corsi di addestramento, l'obiettivo primario rimane quello di elevare il livello della tecnica di tiro, l'uso della baionetta, il lancio di granate etc. E, in secondo luogo, elevare il livello tattico, attribuendo particolare importanza alle incursioni notturne[237].

AL SERVIZIO DEL POPOLO

Dobbiamo mantenerci modesti e assennati, guardarci dall'arroganza e servire il popolo cinese con tutto il cuore[238].

Il nostro punto di partenza è servire il popolo con tutti noi stessi e mai, neppure per un istante, staccarci dalle masse; fare sempre gli interessi del popolo e mai i propri o quelli di un ristretto gruppo; identificare la nostra responsabilità verso il po-

---

234 "I compiti per il 1945" (15 dicembre 1944).

235 "Orientamento del lavoro per il 1946 nelle zona liberate" (15 dicembre 1945, Opere scelte, Vol. IV).

236 Discorso tenuto ai redattori di Shansi-Suiyuan (2 aprile 1948, Opere scelte, Vol. IV).

237 "Orientamento del lavoro per il 1946, nelle regioni liberate" (15 dicembre 1945, Opere scelte, Vol. IV).

238 "I due destini della Cina" (23 aprile 1945, Opere scelte, vol. III).

polo con quella per il Partito[239].

Gli organismi dello Stato devono praticare il centralismo democratico, devono fare affidamento sulle masse popolari e il loro personale deve servire il popolo[240].

Lo spirito del compagno Bethune[241], la cui assoluta devozione verso gli altri non nascondeva alcun egoismo, si manifestava con l'alto senso di responsabilità da lui mostrato sul lavoro, verso i compagni e il popolo. Ogni comunista deve prendere lui ad esempio [...]. Noi tutti siamo tenuti a prendere ad esempio il suo assoluto spirito di abnegazione. Con questo spirito, chiunque può rivelarsi estremamente utile alla causa. L'abilità di uomo può essere maggiore o minore, ma se egli possederà questo spirito, sarà uomo di animo nobile e puro, moralmente integro, prezioso alla causa e al popolo[242].

Il nostro Partito Comunista, con l'Ottava e la nuova Quarta armata che esso dirige, formano l'esercito della rivoluzione. Questo nostro esercito che agisce unicamente nell'interesse del popolo è completamente dedito alla rivoluzione[243]. Tutti i nostri quadri, di qualsiasi grado, sono al servizio del popolo. Quindi, come possiamo mostrarci restii a correggere ogni mancanza?[244] È nostro dovere essere responsabili verso il popolo. Ogni parola, ogni azione, ogni politica devono soddisfare i bisogni della gente e laddove si compiano degli errori, siamo in dovere di correggerli: questo significa essere responsabili verso il popolo[245].

Ovunque c'è lotta, c'è sacrificio e la morte è cosa di ogni gior-

---

239 "Sul governo di coalizione" (24 aprile 1945, Opere scelte, vol. III).

240 "Sulla giusta soluzione delle contraddizioni in seno al popolo" (27 febbraio 1957)

241 Ndt. Il riferimento è qui a Norman Bethune (1890-1939), medico canadese, che operò in Cina dal 1938 al 1939, durante la seconda guerra sinogiapponese. Morì a causa di una infezione del sangue provocata da una ferita da taglio mentre era nell'VIII Armata dell'Esercito di Liberazione del Popolo. A lui Mao Tse-tung dedicò grandi tributi, grazie ai quali è tutt'oggi ricordato in Cina come un eroe.

242 "In memoria di Norman Bethume" (21 dicembre 1939, Opere scelte, vol. II)

243 "Al servizio del popolo" (8 settembre 1944, Opere scelte, vol. III)

244 "I compiti per il 1945" (15 dicembre 1944)

245 "La situazione e la nostra politica dopo la vittoria nelle Guerra di resistenza contro il Giappone" (13 agosto 1945, Opere scelte, vol. III).

no. Ma per noi, che abbiamo a cuore gli interessi del popolo e conosciamo le sue sofferenze, morire nel servirlo, è una fine gloriosa. E tuttavia, tenete bene a mente, che gli inutili sacrifici sono da evitare[246]. Tutti sono destinati a morire, eppure non tutte le morti hanno identico valore. Sema Tsien, autore cinese, disse: "Tutti gli uomini muoiono, ma il decesso di alcuni ha più peso del monte Tai e quello di altri è più leggero di una piuma". La morte di chi si sacrifica per gli interessi del popolo ha quindi più peso del monte Tai, mentre quella di chi serve i fascisti, gli oppressori, i capitalisti è più leggera di una piuma[247].

PATRIOTTISMO E INTERNAZIONALISMO

Un comunista può al tempo stesso essere internazionalista e patriota? Noi sosteniamo che non solo può, ma deve esserlo. Il contenuto specifico del patriottismo è determinato dalle condizioni storiche. Esiste il patriottismo degli aggressori giapponesi e di Hitler, a cui i comunisti devono opporsi con decisione e c'è il nostro. In Giappone e in Germania, i comunisti avversano le guerre intraprese dai rispettivi paesi. Causare la sconfitta degli aggressori giapponesi e dei nazisti tedeschi con ogni mezzo possibile è negli interessi del popolo giapponese e tedesco e quanto più radicale sarà la sconfitta, tanto avranno da guadagnarne [...]. Infatti, le guerre scatenate dai Giapponesi e da Hitler nocciono non solo all'intero mondo, ma anche ai popoli di quei due paesi. Il caso della Cina differisce da questi perché essa è vittima dell'aggressione. Ed è per questo che i comunisti cinesi devono unire all'internazionalismo il patriottismo. Noi siamo al tempo stesso internazionalisti e patrioti e la nostra parola d'ordine è: "combattere in difesa della patria contro gli aggressori". Per noi il disfattismo è un crimine e battersi per la vittoria nella Guerra di resistenza è un dovere a cui non possiamo sottrarci. Solo

---

246 "Al servizio del popolo" (8 settembre 1944, Opere scelte, vol. III).
247 Ibid.

combattendo in difesa della patria possiamo sconfiggere gli aggressori e raggiungere la liberazione nazionale. È solo a seguito di quest'ultima che il proletariato e le classi lavoratrici potranno raggiungere l'emancipazione. La vittoria della Cina e la sconfitta degli imperialisti invasori sarà di aiuto ai popoli degli altri paesi. Nelle guerre di liberazione nazionale, il patriottismo è dunque un'applicazione dell'internazionalismo[248].

Cosa può aver spinto uno straniero a considerare la causa di liberazione del popolo cinese come propria? Lo spirito dell'internazionalismo, del comunismo, dal quale ogni comunista cinese deve trarre insegnamento [...]. Dobbiamo unirci al proletariato di tutti i paesi capitalisti, a quello giapponese, inglese, americano, tedesco, italiano per abbattere l'imperialismo nella nostra nazione e in ogni luogo del mondo. Questo è il nostro internazionalismo, quello con il quale ci opponiamo al gretto nazionalismo e patriottismo di alcuni[249].

Nel combattere per la definitiva liberazione, i popoli oppressi devono affidarsi innanzitutto alla loro lotta e solo in seconda battuta ad aiuti esterni. I popoli che hanno visto coronare dal successo la loro lotta di liberazione sono tenuti a correre in soccorso di coloro che, nel mondo, ancora combattono. Questo è il nostro dovere internazionalista[250].

I paesi socialisti sono Stati di ordine completamente nuovo in cui le classi sfruttatrici sono state disarcionate e il popolo lavoratore è al potere. Nelle relazioni tra questi paesi, si osserva il principio dell'integrazione dell'internazionalismo con il patriottismo. Interessi simili e identici ideali ci accomunano[251].

I popoli socialisti che siano asiatici, africani, sudamericani o centroamericani devono unirsi; lo devono fare tutti i paesi che vogliono la pace, fraternizzando con quelli sottoposti all'aggressione, all'interferenza o alle vessazioni degli Stati Uniti d'America

---

248 "Il ruolo del PCC nella guerra nazionale" (ottobre 1938, Opere scelte, vol. II)

249 "In memoria di Norman Bethune" (21 dicembre 1939, Opere scelte, vol. II).

250 "Colloquio con amici africani" (8 agosto 1963).

251 Intervento alla riunione del Soviet Supremo dell'URSS in occasione della celebrazione dell'XL anniversario della Rivoluzione socialista d'Ottobre (6 novembre, 1957).

per dare vita insieme a un ampio fronte contro l'imperialismo americano e in difesa della pace mondiale[252]. Il tempo corre senza sosta. Sono trascorsi appena quarantacinque anni dalla Rivoluzione del 1911[253], eppure l'aspetto della Cina è completamente mutato. Ulteriori quarantacinque anni e, nell'anno 2001, vale a dire all'inizio del XXI secolo, il cambiamento sarà ancora più radicale e la Cina sarà divenuta una grande potenza industriale socialista. E così deve essere. La Cina ha una superficie territoriale di 9.600.000 chilometri quadrati e una popolazione di 600 milioni, quindi è lecito attendersi che, per quel giorno, avrà contribuito come più gli compete al progresso dell'umanità. Per un lungo periodo, purtroppo il suo contributo è stato irrisorio e di questo ne proviamo sincero rammarico. Eppure, dobbiamo mostrarci modesti non solo oggi ma anche in quel futuro che abbiamo ipotizzato. Nelle relazioni internazionali, dobbiamo liquidare radicalmente lo sciovinismo da grande potenza[254].

Non dobbiamo mai assumere un atteggiamento arrogante di sciovinismo da grande potenza e acquisire presunzione per il successo della rivoluzione da noi condotta o per gli obiettivi raggiunti nella costruzione del nostro socialismo. Ogni nazione, grande o piccola che sia, ha spesso in egual misura aspetti positivi e negativi[255].

L'EROISMO RIVOLUZIONARIO

Il nostro esercito, sorretto da uno spirito indomabile, è deciso a vincere ogni nemico quali che siano le difficoltà e privazioni

---

252 "Dichiarazione a sostegno della giusta lotta patriottica del popolo panamense contro l'imperialismo americano" (12 gennaio 1964).

253 Ndt. Con la rivoluzione cinese del 1911, che ebbe inizio con la rivolta di Wuchang, si verificò il rovesciamento della dinastia manciù e la proclamazione della Repubblica (1º gennaio 1912)

254 "In memoria del Dr. Sun Yatsen" (novembre 1956). 255 Discorso di apertura all'VIII Congresso nazionale del PCC (15 novembre 1956).

255 Discorso di apertura all'VIII Congresso nazionale del PCC (15 novembre 1956).

che si troverà ad affrontare: finché resterà un solo uomo esso non rinuncerà alla lotta[256]. Siamo tenuti a sfruttare appieno il nostro potenziale di combattimento, mostrando coraggio in battaglia, spirito di sacrificio, disprezzo della fatica e perseveranza nello scontro ininterrotto, ovvero quello che si protrae nel tempo senza concedere alcun riposo)[257]. Migliaia di martiri hanno eroicamente dato la loro vita per il popolo: teniamo alta la loro bandiera e procediamo lungo il sentiero segnato dal loro sangue[258]. Non temere i sacrifici e affrontare con decisione ogni ostacolo per raggiungere la vittoria[259].

Nel momento culminante della spedizione del Nord, il fronte nazionale unito del Kuomintang, del Partito Comunista e di diversi settori della popolazione che peroravano la causa della liberazione del popolo cinese, come pure tutti i suoi principi politici rivoluzionari, fu messo in seria difficoltà dalla politica uni-popolare di tradimento percorsa dalle autorità del Kuomintang, politica che trovò espressione nella "epurazione del Partito" e nei massacri [...]. In conseguenza a questo, l'unità nazionale si ritrovò sostituita dalla guerra civile, la democrazia dalla dittatura, una Cina con un avvenire radioso, con un paese avvolto dalle tenebre. Ma il Partito Comunista e il popolo cinese non si lasciarono sottomettere e, una volta rinserrate le file e seppelliti i compagni caduti, ripresero la lotta rivoluzionaria con maggiore decisione. In vaste regioni della Cina, in breve, istituirono il governo popolare con cui attuarono la riforma agraria e crearono un esercito, l'Esercito Rosso, grazie al quale le forze rivoluzionarie del popolo cinese andarono rapidamente moltiplicandosi[260].

Seppure detenete ottime qualità e avete reso grandi servigi, dovete sempre rammentare di non cedere alla presunzione. Tutti vi portano rispetto e questo conduce facilmente a incorrere in questa sconvenienza. Qualora cedeste alla presunzione, peccan-

---

256 "Sul governo di coalizione" (24aprile 1945, Opere scelte, vol. III).

257 "La situazione attuale e i nostri compiti" (25 dicembre 1947, Opere scelte, vol. IV).

258 "Sul governo di coalizione" (24 aprile 1945, Opere scelte, vol. III).

259 "Come Yu Kung spostò le montagne" (11 giugno 1945, Opere scelte, vol. III).

260 "Sul governo di coalizione" (24 aprile 1945, Opere scelte, vol. III).

do d'immodestia, cesserete di compiere sforzi, di portare il giusto rispetto al prossimo e quindi ai quadri, alle masse, perdendo le qualità che vi avevano resi eroi del lavoro e modello per gli altri. Nel passato abbiamo già avuti esempi del genere e confido nel fatto che voi non seguirete questa strada[261].

Nella lotta per annientare il nemico, per far ripartire e sviluppare la produzione industriale e agricola, avete superato ostacoli e privazioni, dimostrando di possedere coraggio, saggezza ed entusiasmo fuori dal comune. Oggi, assurti a modello per l'intera nazione, rappresentate il nerbo della vittoriosa avanzata della causa popolare in ogni settore, un sicuro sostegno del governo popolare e un ponte che lo collega alle grandi masse[262]. Noi che formiamo la nazione cinese, siamo pronti a combattere il nemico fino all'ultima stilla di sangue, decisi, con il nostro sacrificio, a riprenderci ciò che abbiamo perduto, mostrandoci così capaci e degni di conservare il posto che ci spetta tra le nazioni[263].

COSTRUIRE IL NOSTRO PAESE CON DILIGENZA ED ECONOMIA

Bisogna fare in modo che tutti i quadri e il popolo abbiano sempre presente che il nostro è un grande paese socialista economicamente povero e arretrato. Per rendere la Cina un paese ricco e all'avanguardia occorreranno decenni di intensi sforzi e sarà necessario mettere in atto un regime di stretta economia e di lotta allo sperpero, vale a dire la politica di costruire il nostro paese con diligenza ed economia[264].

La diligenza e l'economia devono essere osservate nell'amministrazione delle industrie, dei negozi, di tutte le imprese statali,

---

261 "Imparare a svolgere il lavoro economico" (10 giugno 1945, Opere scelte, vol. III).

262 Messaggio di felicitazioni a nome del Comitato centrale del PCC alla Conferenza nazionale dei rappresentanti degli Eroi di guerra e dei Lavoratori modello (25 settembre 1950).

263 "Sulla tattica da adottare contro l'imperialismo giapponese" (27 dicembre 1935, Opere scelte, vol. I).

264 "Sulla giusta soluzione alle contraddizioni in seno al popolo" (27 febbraio 1957).

delle cooperative etc. Il principio della diligenza e dell'economia deve essere adottato in ogni cosa. Fare economia è uno dei precetti basilari del socialismo. La Cina è un grande paese, ma ancora molto povero, per cui saranno necessari decenni per farne un paese prospero. E anche a obiettivo raggiunto dovremo conservare intatte diligenza ed economia. Soprattutto nel corso dei prossimi decenni, durante i piani quinquennali, dovremo incoraggiare la diligenza e l'economia, ponendo particolare attenzione alla seconda[265].

Ovunque ci troviamo non dobbiamo vivere alla giornata abbandonandoci alla prodigalità e allo spreco, ma avere massima cura delle risorse umane e materiali; occorrerà, sin dal primo anno del nostro lavoro, tenere presente ciò che riserva il futuro, la guerra di lunga durata che si protrarrà nel tempo, la controffensiva e l'opera di ricostruzione dopo la cacciata del nemico. E se, da un lato, dovremo evitare sprechi, dall'altro saremo tenuti a sviluppare i processi di produzione e la produzione stessa. In passato, in alcune regioni, il non essere stati previdenti, l'aver trascurato l'economia e la produzione, è costato sofferenza alla popolazione. Questa è una lezione che non dobbiamo mai dimenticare[266].

Per accelerare la ripresa e lo sviluppo della produzione agricola e industriale nei piccoli centri urbani, nel corso della lotta per il superamento del sistema feudale, dobbiamo fare del nostro meglio per preservare tutti i mezzi di produzione e di sussistenza utilizzabili, prendere energiche contromisure contro chi si provi a distruggerli o a vanificarli, opponendoci con decisione agli eccessi nel mangiare e nel bere, favorendo sempre l'economia[267].

Il risparmio deve essere la parola d'ordine di ogni spesa governativa. Sono da ritenere crimini di estrema gravità la corruzione e lo spreco di risorse statali. La lotta contro questi due mali ha già

---

265 Nota introduttiva all'articolo: "Amministrate le cooperative con diligenza ed economia" (1955).

266 "Imparare a svolgere il lavoro economico" (10 gennaio 1945, Opere scelte, vol. III).

267 Discorso tenuto a una conferenza di quadri della regione liberata Shansi-Suiyuan (1° aprile 1948, Opere scelte, vol. IV)

dato buoni risultati, ma è necessario compiere ulteriori sforzi, risparmiando dove possibile, per investire ogni risorsa nello sforzo bellico e nella causa rivoluzionaria[268].

Da un po' di tempo si registra tra i nostri quadri una pericolosa tendenza: riluttanza a condividere con le masse gioie e sofferenze, preoccupazione per la fama, ricerca di un profitto personale. Tutto ciò è un male. Uno dei mezzi per porre freno a questa deriva è rendere più snelli i nostri apparati delegati alla campagna per lo sviluppo della produzione e dell'economia, trasferendo il personale in esubero ai livelli inferiori, in modo che un gran numero di persone faccia ritorno al lavoro manuale[269].

La produzione con la quale l'esercito provvede alle sue necessità non solo ha migliorato le condizioni di vita delle Forze Armate e alleggerito il peso sopportato dal popolo, consentendo così all'esercito di vedere aumentati i suoi effettivi, ma ha portato vantaggi collaterali quali:

1. Migliori rapporti tra ufficiali e sottoposti. Gli ufficiali e i soldati, lavorando insieme alla produzione, instaurano tra loro un profondo legame.
2. Migliore predisposizione al lavoro [...]. Da quando l'esercito ha iniziato a produrre per sopperire ai suoi bisogni, l'atteggiamento nei confronti del lavoro è migliore e paiono estirpate le cattive abitudini legate all'ozio.
3. Rafforzamento della disciplina. La disciplina del lavoro nell'attività produttiva ha migliorato la disciplina dei soldati in battaglia e nella vita quotidiana.
4. Migliori rapporti tra le Forze Armate e il popolo. Quando un esercito inizia a disporre di "beni propri", gli abusi verso le proprietà del popolo sono rari o inesistenti. Nella produzione, esercito e popolo si aiutano l'un l'altro e questo rinsalda i loro rapporti.
5. Minore insofferenza dell'esercito nei confronti del governo e migliori rapporti tra i due.
6. Impulso alla grande campagna popolare per lo sviluppo

---

268 "La nostra politica economica" (23 gennaio 1934, Opere scelte, vol. I).
269 "Sulla giusta soluzione alle contraddizioni in seno al popolo" (27 febbraio 1957).

della produzione. Quando l'esercito si impiega nella produzione, la necessità per il governo e gli altri organismi di fare altrettanto diviene più evidente ed essi vi si dedicano con profitto; ovviamente anche il bisogno di una campagna generale di tutto il popolo per incentivare la produzione diviene maggiormente evidente e anche questo viene fatto con rinnovata energia[270].

Alcuni asseriscono che, se le unità dell'esercito partecipano ai processi di produzione, non sono più in condizione di addestrarsi e combattere e che, se vi partecipano il governo e altri organismi, anch'essi non saranno più in grado di adempiere ai loro compiti. Queste sono osservazioni errate. Negli ultimi anni, le unità del nostro esercito nelle regioni di confine hanno preso parte su larga scala alla produzione, assicurandosi in tal modo cibo e vestiario, proseguendo nell'addestramento e riportando nel lavoro politico maggiore successo; infatti, l'unità è cresciuta di numero. L'anno precedente al fronte, nel corso di una campagna su larga scala per la produzione, enormi successi sono stati conseguiti nelle operazioni militari e, inoltre, è stata avviata una vasta campagna di addestramento. Grazie alla produzione, il personale governativo e quello degli altri organismi godono di una qualità di vita migliore e lavorano con maggiore efficienza[271].

CONTARE SULLE PROPRIE FORZE E LOTTARE CON CAPARBIETÀ

Su cosa deve poggiare la nostra politica? Sulle nostre forze. Ma questo non significa essere soli, perché tutti popoli del mondo che si battono contro l'imperialismo stanno dalla nostra parte. Pur tuttavia, è inevitabile fare affidamento sulle nostre forze, su quelle stesse messe in campo e organizzate da noi, con cui pos-

---

270 "Sulla produzione dell'esercito per il proprio approvvigionamento e sull'importanza dei due grandi movimenti di rettifica e produzione" (27 aprile 1945, Opere scelte, vol. III)
271 "Imparare a svolgere il lavoro economico" (10 gennaio 1945, Opere scelte, vol. III)

siamo vincere i reazionari interni ed esterni[272].

Noi sosteniamo a gran voce che è sulle nostre forze che è necessario contare. Ovviamente, confidiamo di ricevere soccorso dai paesi amici, ma non dobbiamo mai dipendere da questi aiuti esterni, bensì fare affidamento sul nostro impegno, sulla forza creatrice del nostro esercito e di tutto il nostro popolo[273].

Il conseguimento della vittoria in tutto il paese è solo il primo delle decine di migliaia di passi da compiere che ci attendono [...]. La rivoluzione cinese è una grande rivoluzione, ma il percorso che ci attende dopo il suo compimento sarà ancora più impervio. Questo punto va chiarito subito anche all'interno del Partito. Bisogna aiutare i compagni, fare in modo che, nel loro lavoro, mantengano la modestia e la prudenza, senza peccare mai di arroganza e di spregiudicatezza; bisogna aiutarli a conservare il loro stile di vita semplice, fatto di duro lavoro quotidiano[274].

Dobbiamo liberare completamente i nostri quadri dall'idea che si possano raggiungere facili vittorie grazie alla buona sorte, senza una dura e aspra lotta, senza sudore e sangue[275].

Affinché il popolo riponga maggiore fiducia nella vittoria, dobbiamo svolgere, in mezzo a esso, una costante opera di propaganda sulle problematiche attuali e sul radioso futuro che ci attende. E, al tempo stesso, dobbiamo dire al popolo e ai nostri compagni che, sulla via della rivoluzione, vi sono ancora ostacoli da superare. Il VII Congresso del nostro Partito ha preannunciato che le difficoltà saranno molte, perché abbiamo preferito essere prudenti piuttosto che peccare di ottimismo. Alcuni compagni non approvano questa nostra eccessiva avvedutezza, ma i problemi che ci attendono sono reali e, per affrontarli al meglio, non possiamo ignorarli. Dobbiamo individuare fin da subito i punti critici, analizzarli e risolverli. Non esistono strade dritte a

272 La situazione e la nostra politica dopo la vittoria conseguita nella Guerra di resistenza contro il Giappone" (Opere scelte, vol. IV).

273 "Imparare a svolgere il lavoro economico" (10 gennaio 1945, Opere scelte, vol. III)

274 Rapporto alla I sessione plenaria del VII Comitato centrale del PCC (Opere scelte, vol. IV).

275 "Costituire solide basi di appoggio nel Nord-Est (28 dicembre 1945, Opere scelte, vol. IV).

questo mondo: dobbiamo essere pronti a seguire un cammino tortuoso, non nasconderci le cime impervie che dovremo valicare. Unendoci con tutto il popolo in uno sforzo comune, riusciremo a vincere qualsiasi resistenza e a conquistare la vittoria[276]. Chi vede soltanto i lati positivi e non le difficoltà, non può lottare con successo per realizzare i compiti del Partito[277]. La ricchezza della società è data dagli operai, dai contadini e dagli intellettuali lavoratori. Se essi prendono in mano il loro destino, se seguono i dettami marxisti-leninisti e adottano un atteggiamento propositivo nel porsi innanzi ai problemi invece di eluderli, non vi saranno al mondo muri che non potranno abbattere[278].

Tutti i compagni di Partito devono essere perfettamente consapevoli delle difficoltà e farsi trovare pronti ad affrontarle con successo, in modo sistematico e con indomabile volontà. Le forze reazionarie hanno anch'esse i loro problemi. La differenza sta nel fatto che le difficoltà patite dalle forze reazionarie sono insormontabili perché queste forze muovono in precipitoso declino e non hanno alcuna prospettiva futura. Le nostre difficoltà possono essere superate perché siamo una forza nuova in grande ascesa e consapevole che ci attende un luminoso futuro[279].

Nei momenti critici, non bisogna dimenticare i successi ottenuti e bisogna guardare all'avvenire, raddoppiando il coraggio[280].

Il nuovo si sviluppa sempre attraverso mille vicissitudini. Sarebbe da illusi credere che la causa del socialismo possa conseguire facili successi e che sia sufficiente lasciarsi spingere dal vento senza bisogno di sottoporsi a immensi sforzi[281].

In certi momenti della lotta rivoluzionaria, le difficoltà, prevalendo sulle condizioni favorevoli, vanno a costituire l'aspetto principale, relegando le condizioni favorevoli a un ruolo subal-

276 "Sui negoziati di Chungking" (17 ottobre 1945, Opere scelte, vol. IV).

277 Sul governo di coalizione" (24 aprile 1945, Opere scelte, vol. III).

278 Nota introduttiva all'articolo: "Il segretario del Partito indica la direzione e tutti i membri partecipano alla gestione delle cooperative"

279 "Salutiamo il nuovo slancio della rivoluzione cinese" (1° febbraio 1947, Opere scelte, vol. IV).

280 "Al servizio del popolo" (8 settembre 1944, Opere scelte, vol. III).

281 "Sulla giusta soluzione alle contraddizioni in seno al popolo" (27 febbraio 1957).

terno. Tuttavia, attraverso i loro sforzi, i rivoluzionari possono superare ogni ostacolo e creare una situazione favorevole, in modo che questa riacquisti il suo giusto ruolo predominate sulle avversità[282].

Cos'è il lavoro? Il lavoro è lotta. Ci sono complicazioni laggiù che dobbiamo imparare a risolvere. Noi andiamo là a lavorare e combattere per ovviare alle difficoltà. Un buon compagno è colui che preferisce recarsi dove i problemi sono maggiori[283].

Un'antica favola cinese "Come Yu Kung spostò le montagne", parla di un vecchio conosciuto ai più come "il vecchio sciocco delle montagne del Nord", che viveva tanto tempo fa nella Cina settentrionale. La sua dimora guardava a sud e, a fronte, aveva due grandi vette, Taihang e Wangwu, che gli impedivano la vista. Allora, Yu Kung, ricorrendo all'aiuto dei figli, decise di spianare questi due colossi di pietra a colpi di zappa. Un altro vecchio, noto come il "vecchio saggio" quando vide lui e la sua famiglia all'opera, scoppiando in risa, disse: "A quale assurdità vi dedicate? Non riuscirete mai da soli, a livellare due montagne tanto grandi". Yu Kung, senza perdersi d'animo, rispose: "Io un giorno morirò, ma i miei figli continueranno la mia opera; poi, quando i miei figli periranno, seguiteranno il lavoro i miei nipoti e così, di generazione in generazione, ci tramanderemo questo impegno all'infinito. Le montagne sono alte, ma, con il tempo, non possono aumentare in altezza e a ogni colpo di zappa vedranno la loro statura compromessa. Perché potremo non riuscire in questo nostro intento?". Dopo aver così replicato all'opinione errata del "vecchio saggio", Yu Kung riprese il lavoro, mostrandosi irremovibile nella sua convinzione. Tutto questo impietosì Dio, il quale inviò sulla terra due angeli e questi, caricatesi sulle spalle le montagne, le portarono altrove. Oggi, due immense cime opprimono con tutto il loro peso il popolo cinese: una è rappresentata dall'imperialismo, l'altra dal feudalesimo. Il PCC ha deciso da tempo di rimuovere queste due montagne, per cui dobbiamo perseverare, lavorare senza tregua, tanto da portare

---

282 "Sulla contraddizione" (agosto 1937, Opere scelte, vol. I)

283 "Sui negoziati di Chungking" (17 ottobre, Opere scelte, vol. IV).

anche noi Dio a commozione, che Egli altro non è che il popolo del nostro paese. Se esso insorgerà, credete che avremo difficoltà ad abbattere colossi di quelle dimensioni?[284]

METODI DI PENSIERO E DI LAVORO

La storia dell'umanità è un procedere costante dal regno delle necessità al regno delle libertà. Questo processo è senza soluzione di continuità. In ogni società esistono due classi, per cui la lotta di classe è destinata a protrarsi all'infinito. In una società dove non vi sono classi, sarà invece la lotta tra il vecchio e il nuovo, tra il giusto e l'errato a non avere mai fine. Nel campo della produzione e della sperimentazione scientifica, l'umanità progredisce incessantemente come la natura altrettanto si rinnova di continuo: entrambe, in un certo senso, paiono non fermarsi mai. A questo proposito, l'uomo è tenuto a fare costantemente il bilancio delle sue esperienze e seguitare a scoprire, inventare, creare, migliorarsi. Tutte le idee che si fondano sull'immobilismo, il pessimismo, l'inerzia e la presunzione sono sbagliate, perché in antitesi con la realtà storica dello sviluppo della società degli uomini da un milione di anni a questa parte e a quella della natura (per lo meno come noi fino ad oggi la conosciamo)[285].

Nella sua ricerca di libertà, l'uomo si avvale delle scienze naturali come di un'arma. Al fine di conquistarsi la libertà sul piano sociale, deve servirsi delle scienze sociali per comprendere la società, trasformarla e intraprendere la rivoluzione sociale. Allo scopo di conquistare la libertà nel mondo della natura, deve servirsi delle scienze naturali per comprendere, domare e trasformare la natura e ottenere dalla stessa la libertà a cui egli mira[286].

La filosofia marxista – il materialismo dialettico – possiede

---

284 "Come Yu Kung riuscì a spostare le montagne" (11 giugno 1945, Opere scelte, vol. III).

285 5 Intervento durante il rapporto del Primo ministro Chou En-lai sui lavori del governo, presentato alla I sessione della II Assemblea popolare nazionale (21-22 dicembre 1964).

286 Discorso tenuto alla riunione inaugurale della Società di Ricerche sulle scienze naturali nelle regioni di confine (5 febbraio 1940)

due caratteristiche molto evidenti. La prima è la sua natura di classe: essa dichiara senza mezzi termini che il materialismo dialettico è al servizio del proletariato. L'altra è la sua natura pratica: essa testimonia quanto la teoria dipenda dalla pratica e si basi su quella e come entrambe siano necessarie[287].

La filosofia marxista sostiene che il sommo problema non è comprendere le leggi che regolano il mondo oggettivo per essere in condizioni di spiegarlo, ma avvalersi della conoscenza delle sue leggi per trasformare attivamente il mondo[288].

Da dove provengono le idee giuste? Dal cielo? No. Sono connaturate in noi? No. Esse provengono dalla pratica sociale e da questa soltanto. E in particolare, provengono da tre generi di pratica sociale: la lotta per la produzione, quella di classe e la sperimentazione scientifica[289].

È l'essere sociale dell'uomo che determina il pensiero dell'uomo medesimo. Una volta che le masse avranno fatte proprie le idee giuste, peculiarità di una classe progredita, queste muteranno in una forza materiale capace di cambiare la società e il mondo[290].

Nella loro pratica sociale, gli uomini sono impegnati in molteplici generi di lotta, cosa che permette loro di acquisire una vasta esperienza, data sia dai successi ottenuti, quanto dalle sconfitte. Innumerevoli fenomeni del mondo oggettivo esterno si riflettono nel cervello dell'uomo attraverso i cinque sensi. Inizialmente, la conoscenza è percettiva, Quando poi si sono accumulate sufficienti conoscenze percettive, accade che esse, all'improvviso, mutino in conoscenza razionale, vale a dire in pensiero. Questo è un processo della conoscenza. È la prima fase dell'intero processo della conoscenza: quella del passaggio dalla materia oggettiva allo spirito soggettivo, dall'essere al pensiero. In questa fase non è ancora stato provato se lo spirito o pensiero (che include teorie, politica, piani e metodi) rifletta correttamente le leggi del mondo oggettivo esterno: non è ancora possibile determinare se esso sia

---

287 "Sulla pratica" (luglio 1937, Opere scelte, vol. I).
288 Ibid.
289 "Da dove provengono le idee giuste?" (maggio 1963).
290 Ibid.

giusto o meno. Segue la seconda fase del processo della conoscenza, quella del passaggio dallo spirito alla materia, dal pensiero all'essere, in cui si applica alla pratica sociale la conoscenza acquisita durante la prima fase per vedere se le teorie, la politica, i piani, i metodi, danno i risultati previsti. In generale è giusto ciò che riesce, sbagliato quanto fallisce; e questo vale soprattutto nella lotta dell'uomo contro la natura. Nella lotta sociale, le forze che rappresentano la classe progredita a volte riportano delle sconfitte, non perché abbiano idee errate, ma perché nel rapporto delle forze in lotta, esse sono momentaneamente meno potenti delle forze antagoniste; per cui possono essere momentaneamente sconfitte, ma finiranno sempre per trionfare. Tramite la pratica, la conoscenza, l'uomo compie un incredibile balzo, più importante del precedente. Ed è solo questo ultimo accrescimento che si ha prova della validità del primo, vale a dire la correttezza delle idee, delle teorie, della politica, dei piani, dei metodi etc., elaborati nel corso del processo di riflessione del mondo oggettivo esterno. Non vi sono altre strade per arrivare alla verità[291].

Spesso si riesce a giungere alla giusta conoscenza solo dopo aver percorso più volte lo stesso processo che comporta il passaggio dalla materia allo spirito, vale a dire dalla pratica alla conoscenza e dalla conoscenza alla pratica. Questa è la teoria marxista della conoscenza, la teoria materialista dialettica della conoscenza[292].

Chiunque voglia conoscere una cosa non ha altro modo che porsi a contatto con essa, ossia vivere e agire nel suo ambiente. Per acquisire delle conoscenze, è necessario prendere parte alla pratica che trasforma la realtà. Per apprendere del sapore di una pera, bisogna trasformarla cibandosene [...]. Per conoscere la teoria e i metodi della rivoluzione, bisogna prendere parte a quella. Tutte le vere conoscenze derivano dall'esperienza diretta[293].

La conoscenza ha inizio con la pratica, ma quando con la pratica si sarà acquisita la teoria bisognerà fare ritorno a quella. Il ruolo attivo della conoscenza non si manifesta unicamente nel

---

291 Ibid.
292 Ibid.
293 "Sulla pratica" (luglio 1937, Opere scelte, vol. I).

balzo dalla conoscenza percettiva a quella razionale, ma anche, e questo ha maggiore valenza, nel balzo dalla conoscenza razionale alla pratica rivoluzionaria[294].

Tutti sono perfettamente consapevoli del fatto che, qualsiasi questione affrontiamo, se non ne comprendiamo le condizioni effettive, la natura e i rapporti con le altre cose, non capiremo le leggi che la governano. Di conseguenza non saremo capaci di fronteggiarla nel migliore dei modi[295].

Se l'uomo desidera riuscire nel lavoro, cioè raggiungere i risultati sperati, deve conformare le sue idee alle leggi del mondo oggettivo esterno, altrimenti nella pratica fallirà. Nel caso di una sconfitta, traendone insegnamento, rivedrà le sue idee, conformandole alle leggi del mondo esterno e la sconfitta muterà in vittoria. È in questo il significato delle massime: "La sconfitta è madre del successo" e "Sbagliando s'impara"[296].

Siamo marxisti e il marxismo ci insegna che, nell'esaminare un problema, non dobbiamo rifarci a definizioni astratte, ma a fatti oggettivi e determinare, tramite l'analisi di questi fatti, i nostri principi guida, la nostra politica, i nostri sistemi d'intervento[297].

Il fondamentale metodo di lavoro a cui ogni comunista è tenuto a conformarsi sta nel determinare l'orientamento da seguire sulla base delle condizioni reali. Se analizziamo le cause degli errori commessi, vedremo che essi si sono verificati perché ci siamo allontanati dalla realtà di quel particolare momento e luogo e abbiamo orientato il nostro lavoro, basandoci su impressioni soggettive[298].

L'idealismo e la metafisica sono tra le cose più comode che vi siano al mondo perché consentono di spacciare per vere baggianate, senza doverne avere riscontro nella realtà. Il materialismo e

---

294 Ibid.

295 "Problemi strategici della guerra rivoluzionaria cinese" (dicembre 1936, Opere scelte, vol. I).

296 "Sulla pratica" (luglio 1937, Opere scelte, vol. I).

297 Discorso tenuto alla Conferenza di Yenan sulla letteratura e l'arte (maggio 1942, Opere scelte, vol. III)

298 Discorso tenuto a una conferenza di quadri della regione liberata Shansi-Suiyuan (1° aprile 1948, Opere scelte, vol. IV)

la dialettica richiedono ben altro impegno perché devono essere basati sulla realtà oggettiva e trovare sempre piena conferma nella realtà. Per cui, se non si è disposti a mettere impegno, si corre il rischio di cadere prigionieri dell'idealismo e della metafisica[299].

Quando osserviamo una cosa, dobbiamo esaminarne l'essenza e considerare le manifestazioni esterne come fossero il percorso che conduce alla porta d'accesso, varcata la quale avremo a fronte l'essenza della cosa che siamo tenuti a fare nostra. Questo è il solo metodo d'analisi che dia sufficienti garanzie[300].

La causa fondamentale dello sviluppo delle cose è interna, non esterna ed è dovuta alla natura contraddittoria delle cose medesime. In ognuna di esse si annoverano contraddizioni ed è a queste che è dovuto il loro incedere e sviluppo. La natura contraddittoria delle cose è la causa principale del loro sviluppo, mentre il mettersi in relazione con le altre cose e la loro azione reciproca diviene una causa secondaria[301].

Secondo la dialettica materialista, le cause esterne sono condizione necessaria ai cambiamenti, e quelle interne sono il punto di partenza attraverso cui le prime operano il cambiamento. L'uovo che ha ricevuto la giusta dose di calore muta in pulcino, mentre la pietra rimane tale anche se riscaldata nel medesimo modo, perché la sua struttura di base differisce da quella dell'uovo[302].

La filosofia marxista ritiene l'unità degli opposti la regola fondamentale su cui si regge l'intero universo. Questa legge opera universalmente nella natura, nella società e nel pensiero degli uomini. Tra gli opposti inerenti alla contraddizione, sussiste allo stesso tempo unità e lotta ed è questo che rende possibile alle cose di non permanere statiche e muovere verso un cambiamento. Le contraddizioni esistono ovunque, ma differiscono a seconda della diversa natura delle cose. In qualunque cosa, l'unità degli opposti è condizionata, momentanea e transitoria, per

---

299 Nota introduttiva a: "Documenti sulla combriccola controrivoluzionaria di Hu Feng" (maggio 1955).
300 "Un scintilla può incendiare l'intera prateria" (5 gennaio 1930, Opere scelte, vol. I).
301 "Sulla contraddizione" (agosto 1957, Opere scelte, vol. I).
302 Ibid.

cui relativa, mentre la lotta degli opposti è assoluta[303]. Il metodo analitico necessita di dialettica. Per analisi, intendiamo quella operata sulle contraddizioni connaturate alle cose che andiamo a prendere in esame. Senza una profonda conoscenza della vita e una vera comprensione delle contraddizioni che le cose recano in sé risulta impossibile operare un'analisi corretta[304].

Lenin sostiene che un'analisi corretta delle condizioni reali ne è "la sostanza stessa, l'anima vivente del marxismo". Mostrandosi carenti di spirito analitico, molti compagni si rifiutano di prendere in esame, nel giusto modo, questioni complesse che necessiterebbero di uno studio accurato, accontentandosi di trarne conclusioni sempliciste e superficiali assolutamente negative o positive [...]. È necessario porre immediato rimedio a questo stato di cose[305].

Il modo in cui alcuni compagni si accostano a certi problemi è errato: essi non ne valutano gli aspetti importanti, dando eccessivo rilievo a quelli secondari. Occorre precisare che anche gli aspetti secondari non vanno trascurati, ma trattati uno per uno. Tuttavia, essi non devono mai essere considerati elementi principali, altrimenti non vedremo la vera essenza della questione[306].

Le cose a questo mondo sono complesse e determinate da molteplici fattori. Per cui ogni questione va esaminata sotto tutti i suoi differenti aspetti, senza limitarsi a tenerne in considerazione uno solo[307]. Soltanto quanti analizzano i problemi in modo soggettivo e superficiale, non appena vengono assegnati a un incarico, laddove si recano, si pongono, con aria tracotante, a impartire ordini e direttive, senza prima cercare di farsi un'idea della situazione nel suo insieme penetrando l'essenza delle cose – vale a dire la loro natura e i rapporti interni esistenti tra quelle -. Così, è inevitabile che questa gente incespichi e in breve, precipiti al

---

303 "Sulla giusta soluzione alle contraddizioni in seno al popolo" (27 febbraio 1957)

304 Discorso tenuto alla Conferenza nazionale del PCC sul lavoro di propaganda (12 marzo 1957).

305 "Il nostro studio e la situazione attuale" (12 aprile 1944, Opere scelte, vol. III).

306 "Sul problema della cooperazione agricola" (31 luglio 1955).

307 "Sui negoziati di Chungking" (17 ottobre 1945, Opere scelte, vol. IV).

suolo[308].

Studiando un problema, bisogna assolutamente evitare di essere soggettivi, unilaterali e superficiali. Essere soggettivi significa valutare una questione in maniera non oggettiva, ovvero senza partire da una prospettiva materialista. Ho già trattato questo argomento nel mio articolo "Sulla pratica". Essere unilaterali significa non esaminare un problema in tutti i suoi aspetti [...]. In altri termini, significa vedere solo una frazione e non l'intero, solo gli alberi e non la foresta in cui essi sono compresi. Agendo in questo modo, è impossibile trovare il sistema per risolvere una contraddizione, risolvere i compiti che la rivoluzione richiede, assolvere ai propri incarichi e sviluppare correttamente la lotta ideologica nel Partito. In merito, Sun Tzu[309], discutendo di arte militare, disse: "Se conosci il nemico conoscerai te stesso e potrai combattere centinaia di battaglie senza incorrere in alcuna sconfitta". Wei Cheng[310], della dinastia Tang, avendo anche lui compreso l'errore di un esame unilaterale, riferendosi a due fazioni belligeranti, dichiarò: "Ascolta entrambe le parti in causa e avrai chiara ogni cosa, presta orecchio a una sola campana e resterai nelle tenebre". Eppure, i nostri compagni affrontano sovente le questioni in maniera unilaterale, cozzando ripetutamente il capo contro il muro [...]. Lenin ha detto: "Per conoscere veramente un oggetto, è necessario abbracciarne e approfondirne ogni aspetto, ogni legame e ogni mediazione. Non ci riusciremo mai completamente, ma l'esigenza di considerare ogni angolazione ci eviterà di fare molti errori e di cadere nello schematismo".

Dobbiamo rammentare queste sue parole. Essere superficiali significa non tenere conto della contraddizione nella sua interezza, né delle caratteristiche di ciascuno dei suoi aspetti; significa negare la necessità di vagliare a fondo una cosa e di studiarne mi-

---

308 "Sulla pratica" (luglio 1937, Opere scelte, vol. I).

309 Ndt. Sun Tsu (544 a.C. - 496 a.C.) generale filosofo cinese, autore di uno dei più importanti trattati di strategia miliare, *L'arte della guerra*, che tanto influenzò Mao Tse-tung nella sua lotta contro Chiang Kai-shek.

310 0 Ndt. Wei Cheng (580-643) fu uno storico e un politico vissuto nel primo periodo della dinastia Tang e principale autore de *Il libro dei Sui,* in cui è raccolta la storia ufficiale della dinastia cinese Sui.

nuziosamente le particolarità; significa accontentarsi di osservare da lontano senza approfondire e, a seguito di una valutazione sommaria, gettarsi a risolvere immediatamente la contraddizione. Questo modo di procedere porta sempre a conseguenze catastrofiche [...]. Essere superficiali e unilaterali significa, allo stesso tempo, essere soggettivi, poiché tutte le cose obiettive sono in stretto legame tra loro e governate da leggi interne. Eppure, vi è chi, invece di guardare le questioni come sono realmente, le indaga in modo unilaterale e poco congruo, ignorando i legami che intercorrono tra loro e le leggi interne che le governano: un tale metodo è senza dubbio da considerare soggettivo[311].

Essere unilaterali significa pensare in termini assolutistici. Vale a dire vagliare una questione in modo metafisico. Nel giudicare il nostro lavoro, considerare tutto negativo o tutto positivo significa essere unilaterali [...]. Valutare tutto positivamente significa vedere solo gli aspetti buoni e mai quelli cattivi, accettare solamente gli elogi e mai le critiche. Asserire che il nostro lavoro è impeccabile non corrisponde alla realtà, perché ci sono ancora difetti ed errori da correggere. Tuttavia, non rispecchia la realtà neppure asserire che tutto va male. Un'analisi si rende quindi necessaria, perché condannare tutto a prescindere equivale a dire che il grande lavoro svolto per la costruzione del socialismo, la grande lotta che coinvolge centinaia di milioni di persone, è un completo fallimento. Sebbene sussista una differenza tra i numerosi sostenitori di queste vedute e gli elementi ostili al sistema socialista, tali vedute sono sbagliate, nocive e tendono a scoraggiare la gente. È errato considerare il nostro lavoro tutto negativo, quanto lo è ritenerlo completamente soddisfacente[312].

Nell'esaminare i problemi, un marxista è tenuto a osservare non solo una parte, ma anche l'intero. Una rana nel pozzo gracidava: "Il cielo non può essere più grande dell'imboccatura del pozzo". Questa è una falsità perché il cielo non è determinato dal diametro del pozzo. Se avesse gracidato: "Una frazione di cielo

---

311 "Sulla contraddizione" (agosto 1937, Opere scelte, vol. I).

312 Discorso tenuto alla Conferenza nazionale del PCC sul lavoro di propaganda (12 marzo 1957).

è estesa come l'imboccatura del pozzo", avrebbe avuto ragione, perché questo corrisponde alla realtà[313].

Dobbiamo assolutamente imparare a esaminare ogni questione sotto ogni punto di vista, vedere non solo il dritto, ma anche il rovescio delle cose. In determinate circostanze, una cosa cattiva può dare ottimi frutti, mentre una cosa buona può fornirne di pessimi[314]. Pur ammettendo che, nello sviluppo generale della storia, il fattore materiale determina quello spirituale e l'essere sociale determina la coscienza sociale, riconosciamo anche, siamo tenuti a farlo, la reazione del fattore spirituale su quello materiale, della coscienza sociale sull'essere sociale, della sovrastruttura sulla base economica. In questo modo non ci poniamo in contraddizione con il materialismo, al contrario, evitiamo di cadere nel materialismo meccanicistico e ci atteniamo fermamente al materialismo dialettico[315].

Coloro che conducono la guerra non possono sperare di vincerla valicando i limiti posti dalle condizioni oggettive, tuttavia, entro quei limiti, possono e devono lottare con decisione per ottenere il predominio sul nemico. In un conflitto, per i comandanti, lo scenario dove l'azione si svolge deve essere costruito sulle possibilità oggettive, affinché essi possano dirigere la rappresentazione di imprese magnifiche, per grandezza, colori, energia[316].

Gli uomini devono adattare il proprio pensiero al mutare delle condizioni. Ovviamente, nessuno deve dare libero corso a idee prive di fondamento, elaborando strategie di azione che vanno ben oltre i limiti imposti dalle condizioni oggettive, o tentare l'impossibile. Ma il problema oggi è che la mentalità conservatrice di destra causa ancora danni in molti settori e impedisce di adattare il lavoro alle mutate condizioni oggettive di quei campi. Attualmente, il problema sta nel fatto che molti ritengono impossibile compiere ciò che può essere realizzato con qualche

---

313 "Sulla tattica da seguire contro l'imperialismo giapponese" (27 dicembre 1935, Opere scelte, vol. I).

314 "Sulla giusta soluzione delle contraddizioni in seno al popolo" (27 febbraio 1957).

315 "Sulla contraddizione" (agosto 1957, Opere scelte, vol. I).

316 "Sulla guerra di lunga durata" (maggio 1938, Opere scelte, vol. II).

sforzo[317].

Dobbiamo sempre attivare il cervello e riflettere bene su ogni questione. Un detto popolare recita: "Aggrotta le sopracciglia e ti verrà alla mente una qualche soluzione". In altre parole, la saggezza nasce da matura riflessione. Per liberarci della cecità che persiste in ampia misura nel nostro Partito, dobbiamo sollecitare i nostri compagni a mettere in moto il cervello, apprendere il metodo dell'analisi e praticarlo abitualmente[318]. Se un qualunque processo presenta più contraddizioni, una di esse sarà la principale, quella che avrà una funzione determinante e decisiva, mentre le altre occuperanno una posizione subalterna. Per cui, studiando un qualsiasi processo complesso in cui compaiono due o più contraddizioni, dobbiamo sforzarci di individuare la più rilevante. Una volta trovata, tutti i problemi potranno essere risolti con estrema facilità[319].

Dei due aspetti della contraddizione, uno è per forza di cose principale, l'altro secondario. Quello che ha una funzione determinante nella contraddizione è il principale. La natura di una cosa è determinata soprattutto dall'aspetto prevalente nella contraddizione, la quale occupa una posizione dominante. Ma questa situazione non è inamovibile perché l'aspetto principale e il secondario spesso si alternano, si mescolano l'uno nell'altro facendo sì che la cosa in questione muti in conformità[320].

Non è sufficiente stabilire i compiti di ognuno, ma anche decidere seguendo quale metodo vanno portati a termine. Se il nostro compito è di attraversare un fiume, non possiamo eseguirlo in assenza di un ponte o di un'imbarcazione. Quindi se prima non si risolve il problema del ponte o dell'imbarcazione è inutile parlare di attraversare il fiume. Se non si risolve prima il problema del metodo da seguire è inutile dispensare compiti[321].

---

317 Prefazione a: "Lo slancio del socialismo nelle campagne cinesi" (27 dicembre, 1955)

318 "Il nostro studio e la situazione attuale" (12 aprile 1944, Opere scelte, vol. III)

319 "Sulla contraddizione" (agosto 1937, Opere scelte, vol. I).

320 Ibid.

321 "Preoccuparsi del benessere delle masse, portare attenzione ai metodi di lavoro" (27 gennaio 1934, Opere scelte, vol. I).

Senza lanciare un appello generale su ampia scala, è praticamente impossibile mobilitare le masse per portare a termine un qualunque compito. Ma se coloro che ricoprono una carica dirigenziale si limitano a un appello generale, se non si occupano della faccenda in modo concreto e approfondito, dell'esecuzione del lavoro per il quale hanno radunato forze – in modo che, dopo aver ottenuto un primo successo, possano, grazie all'esperienza acquisita, orientare il lavoro negli altri settori di cui si occupano-, non avranno modo di verificare la giustezza dell'adunata generale promossa, né di arricchire il contenuto: e questo appello generale rischierà di non portare alcun risultato[322].

Nessuno, tra coloro che ricoprono un ruolo direttivo, può ritenersi in grado di assumere il comando generale di tutte le unità che gli sono affidate, se non acquisisce un'esperienza concreta di lavoro dalle singole persone e dai singoli problemi in qualcuna delle unità a lui sottoposte. Questo metodo va promosso ovunque, affinché i quadri dirigenti a ogni livello imparino ad applicarlo[323].

In uno stesso distaccamento, non possono coesistere più compiti centrali; in un dato periodo, può esserci un unico compito centrale, assolto da altri che, per importanza, occupano il secondo o terzo posto. Di conseguenza, la persona che, nel contesto, occupa il ruolo di maggiore responsabilità, deve tener conto della storia e delle circostanze della lotta in quello specifico ambito, conferire a ogni compito il posto che gli compete e non agire senza alcuna strategia, limitandosi a seguire istruzioni che gli vengono dall'alto, perché questo comporta un eccesso di "compiti centrali" che portano a uno stato di disordine. Gli organismi superiori, dal canto loro, non devono assegnare contemporaneamente agli organismi inferiori più compiti, senza specificare quale ricopre maggiore importanza o urgenza, perché questo genera confusione e pregiudica il risultato che può essere raggiunto. Fa parte dell'arte della direzione elaborare piani tenendo presente la situazione nel suo insieme alla luce delle condizioni storiche

---

322 "Alcune questioni inerenti i metodi di direzione" (1 giugno 1943, Opere scelte, vol. III).
323 Ibid.

e delle circostanze esistenti in ogni contesto, prendere una decisione adeguata in merito al centro di gravità e alla disposizione del lavoro per ogni periodo e quindi mettere in pratica con risolutezza la decisione presa affinché vengano conseguiti i risultati prefissati[324].

Bisogna essere sempre costantemente informati sull'andamento del lavoro, scambiare le esperienze e correggere gli errori; non si deve mai attendere un semestre, un anno, prima di convocare assemblee di carattere riassuntivo al fine di procedere a un controllo generale. Tergiversare comporta gravi perdite, mentre la correzione degli errori non appena si presentano, le riduce[325]. Per affrontarli, non attendete che i problemi si moltiplichino, dando luogo a complicazioni complesse. I dirigenti devono essere la testa del movimento e la testa non marcia da tergo[326]. Essere entusiasti, ma calmi; lavorare intensamente, ma in maniera ordinata, questo è ciò di cui necessitiamo[327].

INCHIESTE E RICERCHE

Quanti svolgono un lavoro pratico sono tenuti a condurre inchieste alla base. Per coloro che conoscono la teoria, ma non la situazione reale, risulta ancora più necessario procedere a tali inchieste, altrimenti non saranno capaci di unire teoria e pratica. Sebbene l'asserzione: "Senza inchiesta non si ha diritto di parola" sia stata derisa e tacciata di "gretto empirismo", tutt'oggi non rimpiango di averla fatta, anzi, insisto nel dire che, senza inchiesta, non si deve avere diritto a parlare. Ci sono molti che "appena discesi dalla carrozza" sputano sentenze, criticano questo e quello. Salvo, poi, doversi ricredere, perché le loro opinioni e le loro

---

324 Iibid.

325 "Sulla politica inerente all'industria e al commercio" (27 febbraio 1948, Opere scelte, vol. IV).

326 Nota introduttiva all'articolo: "Il contratto su base stagionale" (1955).

327 "Problemi strategici della guerra rivoluzionaria cinese" (dicembre 1936, Opere scelte, vol. I)

critiche, non essendo fondate su alcuna indagine approfondita, altro non sono che chiacchiere. In più occasioni, il nostro Partito ha sofferto a causa di questi "messi imperiali", che appaiono improvvisamente un po' ovunque. Stalin, giustamente, sostiene che "la teoria diviene priva di oggetto se è slegata dalla pratica rivoluzionaria".

E altrettanto giustamente aggiunge: "La pratica procede a tastoni se il suo cammino non è illuminato dalla teoria rivoluzionaria". Tranne colui che manca di prospettive e previdenza, nessuno può essere accusato di "gretto empirismo"[328].

Un tale atteggiamento consiste nel ricercare la verità nei fatti. I "fatti", sono tutte le cose che esistono oggettivamente, la "verità" le leggi che regolano i rapporti interni delle cose e "ricercare" significa studiare. Dobbiamo partire dalle condizioni reali esistenti all'interno e all'esterno del paese, dalla provincia, dal distretto, dal quartiere e prendere come guida per l'azione le leggi a esse inerenti e non leggi immaginifiche, ossia dobbiamo trovare i rapporti interni che regolano gli avvenimenti che si svolgono intorno a noi. Per fare questo, non dobbiamo far ricorso all'immaginazione soggettiva, al momentaneo entusiasmo o alla conoscenza teorica, ma ai fatti oggettivamente reali: dobbiamo raccogliere minuziosamente il materiale e, guidati dai precetti generali del marxismo-leninismo, trarne le giuste conclusioni[329].

Comportarsi come "un uomo che tenta di afferrare i passeri a occhi bendati" o come "un cieco che cerca di catturare un pesce" essere approssimativi o trascurati, perdersi in chiacchiere, accontentarsi di conoscenze marginali – questo è un biasimevole stile di lavoro, tutt'oggi in voga tra molti nostri compagni di Partito; ed è un metodo assolutamente inviso allo spirito del marxismo-leninismo. Marx, Engels, Lenin e Stalin ci hanno insegnato quanto sia necessario vagliare coscienziosamente la situazione e partire dalla realtà obiettiva e non dai desideri soggettivi; tuttavia, le azioni di molti nostri compagni sono un'aperta violazione di questa verità[330].

---

328 Prefazione a: "Inchieste nelle campagne" (marzo-aprile 1941, Opere scelte, vol. III).
329 "Riformiamo il nostro studio" (maggio 1941, Opere scelte, vol. III).
330 Ibid.

Avete difficoltà a venire a capo di un problema? Allora, andate e investigate sulla situazione attuale e sulle cause che l'hanno determinato. Quando la vostra ricerca sarà completa, saprete come risolverlo. Le risoluzioni vengono sempre a seguito di un'inchiesta, mai prima. Solo gli stolti si spremono le meningi da soli o in compagnia per "trovare una soluzione" o "partorire un'idea" senza provvedere ad alcuna indagine. Da questo, non può non può venire alcuna soluzione coerente, nessuna buona idea[331]. L'inchiesta può essere equiparata a una lunga gestazione, che porterà la soluzione al problema il giorno in cui si assisterà al parto. Investigare su una questione significa risolverla[332].

Applicando il metodo e la teoria marxista-leninista, dobbiamo condurre inchieste e fare ricerche sistematiche approfondite della realtà circostante. Nel lavoro non dobbiamo affidarci al solo entusiasmo, ma, come sostiene Stalin, combinare slancio rivoluzionario e senso pratico[333]. Il solo modo per venire a conoscenza di una situazione è condurre un'inchiesta di carattere sociale, procedere a un'indagine sulle condizioni di ogni classe sociale nella vita reale. Coloro che hanno incarichi direttivi devono concentrarsi su qualche città e qualche borgo, seguendo un piano prestabilito e, applicando uno dei precetti base del marxismo – vale a dire l'analisi delle classi –, compiere una serie di inchieste per conoscerne la situazione[334].

Una riunione per valutare i risultati di un'inchiesta non necessita della presenza di una folla: sono sufficienti tre-cinque persone, al massimo sette-otto. Bisogna dedicarle il tempo necessario e preparare in largo anticipo uno schema da seguire; inoltre, bisogna porre delle domande, prendere appunti e discutere con tutti i presenti. Per cui, risulta evidente che nessuno potrà fare un'inchiesta se non è animato da un'ardente volontà, dalla determinazione di confrontarsi con gli altri, mettendo da parte

---

331 "Contro il culto del libro" (maggio 1930).

332 Ibid.

333 "Riformiamo il nostro studio" (maggio 1941, Opere scelte, vol. II).

334 Prefazione e poscritto a: "Inchieste sulle campagne" (marzo-aprile 1941, Opere scelte, vol. III)

l'orgoglio e accettando di divenire umile allievo[335].

Un corretto schieramento sul campo è determinato da una giusta decisione presa dall'ufficiale responsabile; una sua giusta decisione dipende da una corretta valutazione e questa dall'aver compiuto un'accurata ricognizione sullo scenario di battaglia e aver fatto un attento studio dei dati ricavati da quella ricognizione. Il comandante si avvale di tutti i mezzi di ricognizione possibili e necessari, studia le informazioni ottenute sulla situazione del nemico separando il falso dal vero; quindi, tenendo sempre presente la situazione dei suoi uomini, si impiega in uno studio comparato dei due eserciti belligeranti e delle loro correlazioni; compie così una valutazione definitiva, prende una decisione e formula una strategia. Questo è il processo attraverso il quale un ufficiale incaricato deve passare prima di elaborare un piano di azione, sia che si tratti di una singola battaglia, che di una campagna ad ampio raggio[336].

CORREGGERE LE IDEE ERRATE

Anche se, nel nostro lavoro, riusciamo a raggiungere straordinari traguardi, non abbiamo alcun motivo di mostrarci presuntuosi e di porci all'altro con arroganza. Grazie alla modestia si progredisce, con la presunzione si perde terreno. E questa è una cosa che dobbiamo sempre tenere a mente[337].

La vittoria potrà generare all'interno del Partito arroganza, presunzione, riluttanza a spingersi oltre, ricerca spasmodica del piacere e avversione a continuare una vita giudicata troppo dura. Il giorno della vittoria, il popolo ci sarà riconoscente e la borghesia non perderà occasione per adularci perché sarà stato definitivamente dimostrato che il nemico non potrà batterci con la forza delle armi. Tuttavia, l'adulazione della classe borghese

335 Ibid.

336 "Problemi strategici della guerra rivoluzionaria cinese" (dicembre 1936, Opere scelte, vol. I)

337 Discorso d'apertura all'VIII Congresso nazionale del PCC (15 settembre 1956).

potrà conquistare tra noi solo coloro che non dispongono di una forte volontà. Potranno esserci comunisti che, pur non essendo stati vinti dai nemici armati e avendo addirittura meritato l'appellativo di eroi per aver affrontato impavidi mille pericoli, non saranno capaci di resistere alle pallottole ricoperte di zucchero. E cadranno sotto questi colpi. Dobbiamo agire di anticipo, in modo che questa situazione non abbia mai a verificarsi[338].

Molte cose possono divenire un peso, una zavorra, se ci affidiamo a esse ciecamente e senza spirito critico. Portiamo qualche esempio. Se avete commesso degli errori, potete ritenere che, accada quel che accada, ne porterete il fardello sulle vostre spalle e questo varrà a scoraggiarvi. Se non avete sulla coscienza errori di sorta, finirete per reputarvi infallibili e quindi rischierete di peccare di presunzione. La mancanza di successi nel lavoro può portare pessimismo e abbattimento, mentre il successo può generare smisurato orgoglio e arroganza. Un compagno con brevi trascorsi di lotta può, per questa ragione, sottrarsi a ogni responsabilità, mentre un veterano, data la sua lunga esperienza, arriva a reputarsi infallibile. Gli operai e i contadini, fieri della loro origine di classe, possono guardare con disprezzo agli intellettuali, mentre questi, per via di una certa qualità di conoscenze, possono mostrare disprezzo per operai e contadini. In ambito lavorativo, qualsiasi specializzazione può divenire un capitale personale e condurre all'arroganza e al poco rispetto per gli altri. Persino l'età può essere motivo di presunzione. I giovani, ritenendosi intelligenti e capaci, possono guardare con disprezzo ai vecchi e questi possono fare altrettanto con i giovani in virtù della loro esperienza. Tutto questo diviene un peso, una zavorra se si è sprovvisti di spirito critico[339].

Nell'esercito, alcuni compagni, oltre a essere divenuti arroganti, si comportano in modo arbitrario con i loro commilitoni, con il popolo, il Governo e il Partito; addossano ogni mancanza ai compagni e mai a loro stessi, vedono solo i propri pregi e mai

---

338 Rapporto alla I sessione plenaria del VII Comitato centrale del PCC (5 marzo 1949, Opere scelte, vol. I).

339 "Il nostro studio e la situazione attuale" (12 aprile 1944, Opere scelte, vol. III)

i difetti, accettano solo l'adulazione, rifuggendo ogni critica [...].
L'esercito è in dovere di estirpare questi difetti[340].

Un lavoro duro è come un fardello posto innanzi a noi; ed è
una sfida caricarcelo sulle spalle. Alcuni fardelli sono leggeri, altri
pesanti. Alcuni preferiscono portare quelli leggeri e lasciare quelli pesanti alla fatica di altri. Questo non lo si può dire un atteggiamento corretto. Alcuni compagni adottano invece un comportamento diverso e lasciano le comodità agli altri, sobbarcandosi
l'onere di portare i carichi maggiormente pesanti; e questi sono i
primi ad affrontare le privazioni e gli ultimi a godere delle comodità. Essi sono degni compagni. E tutti abbiamo da imparare dal
loro spirito comunista[341].

Non sono pochi coloro che, nel lavoro, carenti di senso di responsabilità, preferiscono i carichi leggeri a quelli pesanti, scaricando il compito più difficile e faticoso sui loro compagni; questi
individui pensano per lo più a sé stessi e quasi mai al prossimo.
Appena compiono un piccolo sforzo, si gonfiano di orgoglio,
mostrandosi vanagloriosi per accertarsi che il loro gesto non passi inosservato. Invece di essere pieni di affetto per i compagni e il
popolo, sono freddi, indifferenti, apatici. Per dirla tutta, questi
individui niente hanno a che vedere con i comunisti, non lo sono
o quantomeno non possono essere considerati tali[342].

Colui che rivendica il suddetto genere di "indipendenza" ha
cara la dottrina del "prima di ogni cosa vengo io", per cui è portato ad affrontare in maniera sbagliata la questione del rapporto tra l'individuo e il Partito. Sebbene a parole porti rispetto a
quest'ultimo, nella pratica mette sé stesso al primo posto e il Partito al secondo. Cosa cercano queste persone? Una posizione di
rilievo e la celebrità. Ogni volta che vengono incaricate di gestire
un settore lavorativo, rivendicano la propria indipendenza e, a
tal fine, si circondano di soggetti a loro succubi allontanandone
altri maggiormente capaci; ricorrono all'esaltazione, alle lusinghe
nei confronti dei compagni, introducendo così nel Partito Co-

---

340 "Organizziamoci!" (29 novembre 1943, Opere scelte, vol. III).

341 "Sui negoziati di Chungking" (17 ottobre 1945, Opere scelte, vol. IV).

342 "In memoria di Norman Bethune (21 dicembre 1939, Opere scelte, vol. II)

munista il biasimevole andazzo tanto caro ai partiti della classe borghese. La loro disonestà è causa di altrettanta rovinosa caduta. Ritengo che sia opportuno comportarsi onestamente, perché senza onestà è impossibile portare al mondo qualcosa di utile[343].

I comunisti devono comprendere pienamente il principio della subordinazione dei bisogni di parte a quelli del tutto. Se una proposta appare realizzabile in una circostanza particolare, ma non nella situazione generale, bisogna asservire a quest'ultima, tralasciando la situazione circostanziale. Se, viceversa, la proposta non è opportuna nel contesto particolare, ma lo è in quello generale, la si mette in pratica. Ecco cosa significa considerare la situazione nel suo insieme[344].

La ricerca dei piaceri. Anche nell'Esercito Rosso sono molti coloro che manifestano il loro individualismo nella ricerca dei piaceri. Essi sperano sempre che la loro unità di appartenenza sia assegnata a un grande centro urbano, dove vogliono recarsi non per lavorare ma per godersi la vita. L'ultima cosa che vogliono è lavorare nelle zone dove la quotidianità è difficile[345].

Dobbiamo avversare le tendenze che portano alcuni a occuparsi esclusivamente degli interessi della propria unità, infischiandosene delle altre. Chi si mostra indifferente alle difficoltà altrui, si rifiuta di trasferire quadri ad unità che, sul momento, ne necessitano o cede loro solo i soggetti mediocri, servendosi del "campo del vicino come canale di scolo". Chi non ha interesse per gli altri reparti, gli altri settori o le altre persone è uno che ha completamente smarrito il senso del comunismo. La mancanza d'interesse per l'insieme e la totale indifferenza verso gli altri reparti, gli altri settori e le altre persone sono una sua caratteristica. È necessario moltiplicare gli sforzi al fine di educare individui di tal fatta e far loro comprendere che quel modo di essere è estremamente pericoloso[346].

Il liberalismo si manifesta in diverse forme: nell'astenersi dalla

---

343 "Rettificare lo stile di lavoro del Partito" (1° febbraio 1942, Opere scelte, vol. III)

344 "Il ruolo del PCC nella guerra nazionale, (ottobre 1938, Opere scelte, vol. II).

345 "Come correggere le idee errate nel Partito" (dicembre 1929, Opere scelte, vol. I).

346 "Rettificare lo stile di lavoro del Partito" (1° febbraio 1942, Opere scelte, vol. III).

discussione sui principi quando qualcuno ha chiaramente sbagliato e lasciar correre per quieto vivere, per amicizia, perché vi è implicato un conoscente di vecchia data, un concittadino, un compagno di scuola, un amico intimo, una persona cara etc. Oppure nel criticare l'interessato superficialmente per non pregiudicare i rapporti con lui, invece di approfondire la questione. Il risultato è che si nuoce tanto all'organizzazione quanto all'individuo. Questa è una forma di liberalismo.

Una seconda forma lo è: l'indulgere a critiche irresponsabili in privato, invece di portare i propri suggerimenti all'organizzazione. Non dire niente in faccia, ma diffondere pettegolezzi dietro le spalle, tacere durante una riunione e parlare dopo a sproposito. Non nutrire rispetto alcuno per i principi di vita collettiva, ma seguire sempre e solo la propria inclinazione.

Una terza: lasciar correre sulle cose che non ci riguardano personalmente; non esprimersi, anche se abbiamo ben presente cosa è sbagliato; tenersi in disparte per evitare di cadere noi stessi in errore.

La quarta: non attenersi agli ordini, mettendo le proprie opinioni davanti a tutto. Chiedere all'organizzazione un trattamento speciale, ma rifiutarne la disciplina.

Una quinta forma è: lasciarsi andare ad attacchi personali, litigare, dare libero sfogo ai rancori personali, cercare vendetta, invece di impegnarsi in dibattiti e lottare contro le opinioni errate nell'interesse dell'unità, del progresso e della buona riuscita del lavoro.

La sesta: ascoltare opinioni bislacche senza confutarle e lasciare esprimere persino osservazioni palesemente controrivoluzionarie senza riferirle, ma addirittura accentandole senza colpo ferire.

La settima: stare tra le masse e non impegnarsi nella propaganda, non prendere parola alle assemblee, non porre domande, non condurre inchieste tra la base mantenendosi indifferenti ai problemi altrui, dimenticando di essere un comunista e comportandosi come una persona qualunque.

Un'ottava forma: accorgersi che qualcuno nuoce all'interesse delle masse e non indignarsi, non dissuaderlo, non ostacolarlo.

Una nona: lavorare svogliatamente senza un preciso progetto; impiegarsi in modo superficiale, tirando avanti come capita finché "il monaco non suona la campana".

Una decima lo è: pensare di avere reso grandi servigi alla rivoluzione, vantarsi di essere un veterano, disprezzare incarichi minori pur non essendo capace di eseguirne di maggiormente importanti, lavorare con trascuratezza e studiare con negligenza. E infine un'undicesima: avvedersi delle proprie mancanze, ma non fare niente per ovviarle, tenendo un atteggiamento liberalistico verso sé stessi[347].

Il liberalismo è inopportuno all'interno di una comunità rivoluzionaria. È un acido che corrode l'unità, mina la coesione, produce apatia nel lavoro e genera dissensi. Il liberalismo priva i ranghi rivoluzionari di un'organizzazione solida e di una rigorosa disciplina, impedisce che le direttive politiche vengano applicate seriamente e allontana le organizzazioni del Partito dalle masse che esso guida. Questa è una tendenza estremamente pregiudicante[348].

I fautori del liberalismo considerano i principi marxisti come dogmi astratti. Approvano il marxismo, ma non sono disposti a metterlo in pratica, né a sostituirlo al liberalismo. Questa gente ha un proprio marxismo, ma anche un suo liberalismo – parlano del primo, ma praticano il secondo, applicando il marxismo agli altri e il liberalismo a sé stessi. Tengono in cantina entrambe le merci e di ognuna fanno uso alla bisogna. Così funziona il cervello di certe persone[349]. Lo stato popolare protegge il popolo. Solo quando il popolo dispone di un simile stato può, su scala nazionale e con l'ausilio di tutti, educarsi e rimodellarsi con metodi democratici, scrollarsi di dosso l'influenza dei reazionari interni ed esterni (ancora molto forte e che sopravvivrà lungamente), disfarsi delle vecchie malsane abitudini, evitare di farsi sviare dalle mele marce, seguitando ad avanzare verso la società socialista

---

347 "Contro il liberalismo" (7 settembre 1937, Opere scelte, vol. II).

348 Ibid.

349 Ibid.

e comunista[350].

Non è compito improbo per un uomo fare qualcosa di buono. Ciò che è difficile è comportarsi bene nel tempo e non commettere mai reati, agire coerentemente nell'interesse delle larghe masse, dei giovani e della rivoluzione, e impegnarsi in una tenace lotta lunga decenni. E quest'ultima è la cosa meno agevole[351].

L'UNITÀ

L'unificazione del nostro paese, l'unità del nostro popolo, garantiscono il trionfo della nostra causa[352].

Solo attraverso l'unità del Partito Comunista si può raggiungere l'unità dell'intera nazione e solo tramite l'unità di quest'ultima si può sconfiggere il nemico e portare a felice compimento la rivoluzione nazionale e democratica[353].

Dobbiamo unire saldamente tutte le forze del nostro Partito sulla base dei principi di organizzazione e di disciplina del centralismo democratico. Dobbiamo unirci con qualsiasi compagno, a condizione, che si attenga al programma, allo statuto, alle decisioni del Partito[354].

Questo metodo democratico per la soluzione delle contraddizioni in seno al popolo è stato riassunto nel 1942 nella formula: "unità, critica, unità". Più precisamente, questa formula significa che si deve partire dal desiderio di unità, risolvere le contraddizioni per mezzo della critica o della lotta, per raggiungere così una rinnovata unità su nuove basi. Secondo la nostra esperienza, questo è il sistema più opportuno per risolvere le contraddizioni

---

350 "Sulla dittatura democratica popolare" (30 giugno 1949, Opere scelte, vol. IV).

351 Messaggio di auguri per il LX compleanno del compagno Wa Yuchang (15 gennaio 1940).

352 "Sulla giusta soluzione alle contraddizioni in seno al popolo" (27 febbraio 1957).

353 "Conquistare a milioni le masse sul fronte unito nazionale antigiapponese" (7 maggio 1937, Opere scelte, vol. I).

354 "Sul governo di coalizione" (24 aprile 1945, Opere scelte, vol. III).

in seno al popolo[355]. Il nostro esercito ha conseguito una grande compattezza, sia tra le sue fila che all'esterno. Al suo interno c'è unità tra ufficiali e soldati, tra superiori e sottoposti, tra lavoro militare, politico e servizi logistici; all'esterno c'è unità tra esercito e popolo, tra esercito e organismi governativi, tra le nostre milizie e quelle alleate. È importante allontanare tutto ciò che può mettere a repentaglio questa unità[356].

LA DISCIPLINA

In seno al popolo, la democrazia e il centralismo stanno in relazione reciproca ed è così anche per libertà e disciplina. Essi sono i due opposti di una sola entità, in contraddizione tra loro ma al tempo stesso uniti; non dobbiamo accentuare un aspetto e negare l'altro. In seno al popolo, non possiamo rinunciare alla libertà, ma neppure alla disciplina come non possiamo fare a meno della democrazia e del centralismo. Questa unità di democrazia e centralismo, di libertà e disciplina, costituisce il nostro centralismo democratico. In questo modo, il popolo gode di ampia democrazia e libertà ma, allo stesso tempo, deve rimanere saldo entro i limiti della disciplina socialista[357].

Da non dimenticare, per riaffermare la disciplina di Partito:
1. L'individuo è subordinato alla maggioranza.
2. La minoranza è subordinata alla maggioranza.
3. Il grado inferiore è sottoposto al superiore.
4. Tutti i membri del Partito sono subordinati al Comitato centrale.

Chiunque disattenda queste regole disciplinari, incrina l'unità del Partito[358].

Una delle regole della disciplina di Partito è la sottomissione

---

355 "Sulla giusta soluzione alle contraddizioni in seno al popolo" (27 febbraio 1957)

356 "Sul governo di coalizione" (24 aprile 1945, Opere scelte, vol. III).

357 "Sulla giusta soluzione alle contraddizioni in seno al popolo" (27 febbraio 1957).

358 "Il ruolo del PCC nella guerra nazionalista" (ottobre 1938, Opere scelte, vol. II).

della minoranza alla maggioranza. Se il punto di vista della minoranza è stato rigettato, questa è tenuta a aderire alla risoluzione adottata dalla maggioranza. Se si rende necessario, può chiedere di riesaminare nuovamente le sue proposte, ma non deve mai opporsi alla decisione presa[359].

Le tre somme regole della disciplina sono:

1. In qualunque azione attenersi agli ordini.
2. Non sottrarre alle masse neppure un ago o un filo.
3. Consegnare l'intero bottino di guerra.

E le otto raccomandazioni:

1. Mostratevi sempre cortesi.
2. Commerciate a prezzo onesto.
3. Restituite ciò che ottenete in prestito.
4. Risarcite quanto avete danneggiato
5. Non aggredite o insultate il prossimo.
6. Non danneggiate i raccolti.
7. Non prendetevi libertà con le donne.
8. Non sottoponete i prigionieri a maltrattamenti[360].

Tutti gli ufficiali e i soldati del nostro esercito devono alzare il loro livello di disciplina ed eseguire con risolutezza gli ordini, attenersi alla nostra politica, mettere in pratica le tre somme regole di disciplina e le otto raccomandazioni, contribuire all'unità dell'esercito, del popolo, all'unità degli ufficiali, dei soldati e non devono mai commettere alcuna infrazione al codice di disciplina[361].

CRITICA E AUTOCRITICA

Noi del Partito Comunista non temiamo la critica perché,

359 "Come correggere le idee errate nel Partito" (dicembre 1929, Opere scelte, vol. I).

360 "Istruzioni del quartier generale dell'Esercito popolare cinese di Liberazione in occasione della nuova pubblicazione delle tre somme regole di disciplina e delle raccomandazioni" (Opere scelte, vol. IV)

361 "Manifesto dell'Esercito popolare cinese di Liberazione" (ottobre 1947, Opere scelte, vol. IV).

essendo marxisti, la verità e le masse stanno dalla nostra parte[362].

I materialisti coerenti sono uomini senza paura. Confidiamo che tutti i nostri compagni di lotta abbiano il coraggio di assumersi le loro responsabilità, riescano a superare ogni difficoltà, non temano rovesci, né esitino a criticare noi comunisti e a darci suggerimenti. "Colui che non teme la morte non ha remore nel disarcionare l'imperatore", questo è lo spirito di cui si abbisogna nella lotta per il socialismo e il comunismo[363].

Disponiamo dell'arma marxista-leninista della critica e dell'autocritica. Per cui possiamo liberarci delle cattive abitudini, preservando le buone[364].

La pratica coscienziosa dell'autocritica è una delle caratteristiche che contraddistingue il nostro schieramento politico. Come abbiamo già fatto osservare, la polvere tende ad accumularsi, laddove non si provveda a una costante opera di pulizia. Così la mente dei nostri compagni e il lavoro intrapreso dal nostro Partito possono anch'essi essere sommersi dalla polvere, se non vengono accuratamente curati. Il detto: "L'acqua corrente non imputridisce mai e il cardine della porta non è mai divorato dai tarli", sta a indicare quanto il moto costante ostacoli l'azione corrosiva di germi e altri organismi. Dobbiamo controllare quotidianamente il nostro operato e sviluppare, in questo processo, uno stile democratico, senza temere la critica, né l'autocritica, rifacendoci sempre alle buone massime cinesi: "Tutto quello che sai esprimilo senza riserve". "Non biasimare chi parla, ma prendi le sue parole come ammonimento". "Sei hai commesso errori, rimedia; se non ne hai commessi stai sul chi vive". Questo è il solo efficace mezzo per impedire che la polvere o i germi politici di ogni derivazione contaminino la psiche dei nostri compagni e la struttura del nostro Partito[365].

---

362 Discorso tenuto alla Conferenza nazionale del PCC sul lavoro di propaganda" (12 marzo 1957)

363 Ibid.

364 Rapporto alla II sessione plenaria del VII Comitato centrale del PCC (5 marzo 1949, Opere scelte, vol. IV)

365 "Sul governo di coalizione" (24 aprile 1945, Opere scelte, vol. III)

Opposizione e lotta tra idee antagoniste si verificano costantemente all'interno del Partito, tra le classi e tra il nuovo e il vecchio nella società. Se nel Partito non vi fossero contraddizioni, né lotta ideologica per affrontarle, il Partito andrebbe a morire[366].

Siamo per la lotta ideologica attiva, perché essa è l'arma per assicurare unità all'interno del Partito e delle organizzazioni rivoluzionarie. Ogni comunista, ogni rivoluzionario deve impugnare quest'arma. Il liberalismo, al contrario di noi, respinge la lotta ideologica, propendendo per una pace priva di principi; ne risulta un atteggiamento decadente e filisteo che, nel Partito e nelle organizzazioni rivoluzionarie, conduce certe unità e alcuni individui alla degenerazione politica[367].

Nella lotta contro il soggettivismo, il settarismo e i comportamenti stereotipati all'interno del Partito, dobbiamo tenere presenti due norme:
1. Imparare dagli errori passati per prevenire i futuri.
2. Curare la patologia per salvare il paziente.

Gli errori del passato devono essere denunciati senza preoccuparsi di urtare la suscettibilità di alcuno; è necessario analizzare e criticare tutti gli aspetti negativi del passato, al fine di compiere meglio e, con maggior cognizione, il lavoro futuro. Questo intendiamo per "imparare dagli errori passati per evitarli in avvenire". Quando denunciamo gli errori e critichiamo i difetti, il nostro scopo è pressoché uguale a quello del medico che si prende cura di un paziente e della patologia di cui è affetto per fargli salva la vita. Chi soffre di appendicite guarisce quando il chirurgo la asporta. Se chi ha commesso errori, non nasconde la sua malattia per timore del medico, se non persiste nei suoi errori fino al punto di rendere vana ogni cura, se è suo volere curarsi e correggersi, dobbiamo accoglierlo, curarlo e fare di lui un buon compagno. Non riporteremo mai alcun successo se anche solo una volta agiremo con violenza. Curando una malattia ideologica o politica, non dobbiamo mai agire con violenza o sconsideratamente, ma adottare l'unico metodo corretto ed efficace, vale a dire "interve-

---

366 "Sulla contraddizione" (agosto 1937, Opere scelte, vol. I)
367 "Contro il liberalismo" (7 settembre 1937, Opere scelte, vol. II).

nire sulla malattia per salvare il paziente".

In merito alla critica all'interno del Partito è doveroso affrontare un altro punto: nelle loro critiche, alcuni compagni ignorano problemi principali, concentrando la loro attenzione su questioni secondarie. Essi non comprendono che compito della critica è mettere in risalto carenze politiche od organizzative. Quanto ai difetti personali, a meno che non siano connessi a disguidi politici o organizzativi, non bisogna insistervi troppo, perché altrimenti i compagni interessati non sapranno più come muoversi. Inoltre, se si sviluppa questo genere di critica, si corre il rischio che all'interno del Partito l'attenzione si concentri esclusivamente sugli errori marginali; e allora i compagni diventeranno estremamente cauti, dimenticando i compiti politici del Partito[368].

Nella critica all'interno del Partito, bisogna stare in guardia contro il soggettivismo, l'arbitrarietà e la volgarità; le affermazioni devono basarsi su fatti concreti e la critica deve porre in evidenza l'aspetto politico[369].

La critica all'interno del Partito è un'arma per rafforzare l'organizzazione del Partito stesso e accrescerne la combattività. Tuttavia, nell'organizzazione del Partito in seno all'Esercito Rosso, la critica non avendo sempre questo carattere, talvolta muta in attacco personale. Di conseguenza, danneggia non solo coloro chiamati in causa ma anche la struttura di Partito. Si tratta di una manifestazione d'individualismo piccolo-borghese e il mezzo per porvi rimedio consiste nell'aiutare i membri del Partito a comprendere che la critica ha lo scopo di sviluppare la capacità combattiva del Partito per conseguire la vittoria nella lotta di classe e mai deve divenire scusa per portare attacchi personali[370]. Siamo al servizio del popolo, per cui non temiamo che i nostri errori vengano posti in risalto e criticati. A chiunque è data la possibilità di portare all'attenzione i nostri errori e, se ha ragione, noi vi porremo rimedio. Se ciò che ci viene proposto è di giovamento al

---

368 "Come correggere le idee errate nel Partito" (dicembre 1929, Opere scelte, vol. I)
369 Ibid.
370 Ibid.

popolo, agiremo di conseguenza[371].

Noi comunisti cinesi, che prendiamo come punto di partenza per le nostre azioni i supremi interessi per le larghe masse del popolo cinese e siamo pienamente persuasi dell'assoluta giustezza della nostra causa, noi che non arretriamo davanti ad alcun sacrificio personale e siamo in ogni istante pronti a dare la vita per i nostri ideali, possiamo essere riluttanti ad abbandonare qualsiasi concezione, opinione o metodo non adatti ai bisogni del popolo? Possiamo permettere che il fango e i germi politici corrompano il nostro volto lindo o pregiudichino il nostro organismo sano? Innumerevoli martiri rivoluzionari hanno dato la vita per gli interessi del popolo e, quando pensiamo a loro, il nostro cuore si riempie di dolore; esiste, allora, un interesse personale che non possiamo sacrificare o un errore che non possiamo correggere?[372]

Mai inorgoglirci per i successi ottenuti. Dobbiamo tenere sotto controllo il nostro compiacimento e criticare con continuità i nostri difetti, proprio come ogni giorno siamo tenuti a detergerci il viso o a ramazzare il pavimento per togliere la sporcizia[373]. La critica deve essere fatta al momento opportuno; bisogna prendere abitudine di criticare solo ad opera compiuta[374]. Appreso dagli errori e dai rovesci, siamo divenuti più saggi e facciamo meglio il nostro lavoro. È difficile per qualsiasi Partito politico e qualsiasi individuo evitare errori, ma è opportuno commetterne quanti meno possibile. Una volta commesso un errore, siamo tenuti a correggerlo e, più rapidamente agiremo, meglio sarà[375].

I COMUNISTI

Un comunista deve essere di ampie vedute, sincero, leale e attivo, deve porre gli interessi della rivoluzione al di sopra della sua

---

371 "Al servizio del popolo" (8 settembre 1944, Opere scelte, vol. III).
372 "Sul governo di coalizione" (24 aprile 1945, Opere scelte, vol. III).
373 "Organizziamoci!" (29 novembre 1943, Opere scelte, vol. III).
374 "Sui problemi della cooperazione agricola!" (31 luglio 1955).
375 "Sulla dittatura democratica popolare" (30 giugno 1949, Opere scelte, vol. IV).

esistenza e subordinare a quella ogni vantaggio personale; sempre e ovunque deve rimanere fedele ai principi giusti e condurre una lotta instancabile contro ogni idea e azione errata, in modo da rinsaldare la vita collettiva del Partito e i legami tra il Partito e le masse; deve pensare più al Partito e alle masse che al singolo, più agli altri che a sé. Solo così lo si potrà dire un comunista[376].

Si deve far comprendere a ogni compagno che il criterio base per giudicare le parole e le azioni di un comunista è appurare se queste sono coerenti e conformi agli interessi della stragrande maggioranza del popolo e godono del suo sostegno[377].

Mai, in alcun momento o circostanza, un comunista deve porre al primo posto i suoi interessi privati; egli è tenuto a subordinarli agli interessi della nazione e delle masse. Perciò l'egoismo, l'indolenza nel lavoro, la corruzione, la smania di mettersi in risalto etc. sono quanto di più spregevole esista; mentre l'altruismo, la passione nel lavoro, la totale dedizione al dovere e il costante duro impiego nel lavoro, esigono massimo rispetto[378]. I comunisti devono in ogni momento essere disposti a difendere la verità, perché essa è nell'interesse del popolo; devono essere in ogni momento disposti a correggere gli errori perché questi ledono gli interessi della comunità[379].

I comunisti devono sempre chiedersi il perché delle cose, usare il proprio cervello e valutare con attenzione se quelle hanno fondatezza nella realtà; mai devono seguire ciecamente gli altri e incoraggiare il servilismo[380].

Dobbiamo incoraggiare i compagni ad avere a cuore gli interessi generali. Ogni membro del Partito, ogni settore lavorativo, ogni parola, ogni azione devono avere tutti come punto di riferimento gli interessi del Partito: è assolutamente inammissibile violare questo principio[381]. I comunisti devono costituire un

---

376 "Contro il liberismo" (7 settembre 1937, Opere scelte, vol. II).

377 "Sul governo di coalizione" (24 aprile 1945, Opere scelte, vol. III).

378 "Il ruolo del PCC nella guerra nazionale" (ottobre 1938, Opere scelte, vol. III).

379 "Sul governo di coalizione" (24 aprile 1945, Opere scelte, vol. III)

380 "Rettificare lo stile di lavoro del Partito" (1° febbraio 1942, Opere scelte, vol. III).

381 Ibid.

esempio di senso pratico e lungimiranza. Questo perché solo il senso pratico consentirà loro di portare a compimento i compiti assegnati e solo la lungimiranza impedirà loro di perdere l'orientamento durante l'avanzata[382].

I comunisti sono in dovere di essere i più lungimiranti, i più dotati di spirito di abnegazione, i più risoluti e i meno prevenuti nel valutare una situazione, sono in dovere di conquistarsi il sostegno delle masse e fare affidamento su quelle[383]. I comunisti devono inoltre essere un esempio nello studio e porsi in ogni momento come maestri e allievi delle masse[384]. Ogni comunista impiegato nei movimenti di massa, deve essere amico del popolo e mai reputarsi superiore, deve essere un indefesso maestro e mai apparire come un burocrate politicante[385].

I comunisti non devono mai separarsi dalla maggioranza del popolo o trascurarla, guidando solo pochi contingenti progressisti in un'avanzata isolata e temeraria; devono farsi carico di stabilire stretti legami tra gli elementi progressisti e le ampie masse. Questo significa tener conto della maggioranza386[386].

Noi comunisti siamo come i semi e il popolo è come la terra. Ovunque andiamo, dobbiamo unirci al popolo, mettere radici e fiorire in mezzo a lui[387]. In ogni coda noi comunisti dobbiamo saperci integrare con le masse. Se i membri del nostro Partito trascorrono l'intera loro esistenza seduti tra quattro mura senza uscire mai ad affrontare il mondo reale e le tempeste, di quale utilità potranno essere al popolo cinese? Di nessuna e noi non abbiamo necessità di gente simile nel Partito. Noi comunisti siamo tenuti ad affrontare il mondo reale, a sfidare la tempesta, a partecipare attivamente anche alle più cruente lotte di massa[388]. Il ruolo d'avanguardia e l'esempio dei comunisti sono di vitale

---

382 "Il ruolo del PCC nella guerra nazionale" (ott. 1938, Opere scelte, vol. II).

383 "I compiti del PCC durante il periodo di resistenza contro il Giappone" (Opere scelte, vol. II).

384 "Il ruolo del PCC nella guerra nazionale" (ott. 1938, Opere scelte, vol. II)

385 Ibid.

386 Ibid.

387 "Sui negoziati di Chungking" (17 ottobre 1945, Opere scelte, vol. IV)

388 "Organizziamoci!" (29 novembre 1943, Opere scelte, vol. II).

importanza. I comunisti dell'Ottava e della nuova Quarta armata devono costituire un esempio nel combattere con audacia, eseguire gli ordini, osservare la disciplina, svolgere il lavoro politico e rinsaldare l'unità e la solidarietà interne[389]. Un comunista non deve mai ritenersi infallibile o mostrarsi dispotico, né credere di fare lui tutto bene e gli altri tutto male; non deve mai starsene chiuso in un ufficio vantandosi di una raggiunta posizione, né mai comportarsi da tiranno[390].

I comunisti devono ascoltare con attenzione le opinioni di quanti non appartengono al Partito dando loro la possibilità di esprimerle. Se ciò che dicono è giusto, dobbiamo farlo nostro e trarne quello che di positivo può tornare utile al popolo; se è errato, dopo aver ascoltato, dobbiamo pazientemente spiegare loro perché si trovano in errore[391]. Nei confronti di chiunque abbia commesso errori nel lavoro, l'atteggiamento dei comunisti deve essere di persuasione - per aiutarlo a correggersi e riparare - e non di esclusione. Questo, ovviamente, laddove non si abbia a che fare con un elemento incorreggibile[392]. In merito a quanti sono politicamente arretrati, i comunisti non devono trascurarli o disprezzarli. Ma mostrare loro amicizia, istruirli e incoraggiarli[393].

I QUADRI

Affinché si abbia garanzia che il Partito e il paese non cambino colore, dobbiamo non solo disporre di una linea e una politica giuste, ma anche formare ed educare milioni di successori alla causa della rivoluzione proletaria. Questo significa decidere se ci sarà o meno tra loro chi potrà portare avanti la causa della rivoluzione marxista-leninista condotta dalla vecchia generazione di

---

389 "Il ruolo del PCC nella guerra nazionale" (ott. 1938, Opere scelte, vol. II)

390 Discorso tenuto all'assemblea dei rappresentanti della regione di confine Shensi-Kan-su-Ningsia (21 novembre 1941, Opere scelte, vol. III).

391 Ibid.

392 "Il ruolo del PCC nella guerra nazionale" (ottobre 1938, Opere scelte, vol. II).

393 Ibid.

rivoluzionari proletari, se la direzione del nostro Partito e dello stato resterà di competenza dei rivoluzionari proletari, se i nostri successori continueranno o meno sulla strada tracciata dal marxismo-leninismo. In altri termini, se in Cina riusciremo o meno a prevenire la nascita del revisionismo kruscioviano. Si tratta di una questione di estrema importanza, per il nostro Partito e per l'intero paese. Di una faccenda fondamentale per la causa rivoluzionaria proletaria nei prossimi cento, mille o diecimila anni. Basandosi sui cambiamenti avvenuti nell'Unione Sovietica, i profeti imperialisti puntano le loro speranze di "evoluzione pacifica" sulla terzaquarta generazione del PCC. Dobbiamo smentire le aspettative degli imperialisti. E, per far questo, dobbiamo ovunque curare la formazione e l'educazione di coloro che ci succederanno nella causa rivoluzionaria. Quali requisiti devono avere i degni successori della causa rivoluzionaria del proletariato?

Essi devono essere autentici marxisti-leninisti e non, come Krusciov, revisionisti travestiti da marxisti-leninisti. Devono essere rivoluzionari che, con passione, servono il popolo cinese e non divenire come Krusciov, il quale si atteggia a servo di un pugno di persone della borghesia privilegiata, facendo così il gioco dei reazionari e degli imperialisti stranieri. Devono essere politici proletari, capaci di unirsi e lavorare con la stragrande maggioranza del popolo. E non solo con quanti, tra il popolo, sono concordi all'idea, ma anche con coloro in disaccordo. Devono prestare particolare attenzione agli arrivisti e ai cospiratori come Krusciov e impedire che tali cattivi soggetti si insinuino nella direzione del Partito o ricoprano cariche statali a qualsiasi livello.

Nell'applicare il centralismo democratico devono essere un modello, devono impadronirsi del metodo di direzione fondato sul principio "dalle masse alle masse", favorire uno stile democratico che li renda capaci di ascoltare la voce del popolo. Non devono, come Krusciov, essere dispotici e violare il centralismo democratico del Partito, tramare alle spalle dei compagni o agire in modo arbitrario e tirannico. Devono essere modesti e accorti, devono guardarsi dall'arroganza e dalla precipitazione; devono far loro lo spirito dell'autocritica e avere il coraggio di correggere i difetti e gli errori riscontrati nel loro operato. Non devono mai, come Krusciov, nascondere i propri errori, attribuirsi ogni merito e gettare tutte le colpe sulle spalle di altri. I successori della causa rivoluzionaria del proletariato emergono nelle lotte di massa e si temprano nelle grandi tempeste della rivoluzione. È quindi necessario porre sotto esame e giudicare i quadri e formare chi ci succederà nel corso di prolungate lotte di massa[394].

Le organizzazioni del nostro Partito devono essere estese in tutto il paese. Perciò, consapevoli degli obiettivi da raggiungere, dobbiamo formare decine di migliaia di quadri e centinaia di ottimi dirigenti. Devono essere quadri e dirigenti con una profonda conoscenza del marxismo-leninismo, politicamente lungimiranti, capaci nel lavoro, pronti a ogni sacrificio, in grado di affrontare ogni problema, leali e votati alla nazione e al Partito. E, basandosi su questi quadri e dirigenti, il Partito confida di mantenere saldi i legami con le basi e le masse, perché solo con l'ausilio dei primi e delle seconde è possibile sconfiggere ogni nemico. Questi quadri e questi dirigenti non devono essere affetti da egoismi, eroismi individuali, ostentazione, indolenza, arrogante settarismo, ma mostrarsi disinteressati eroi al servizio della loro nazione e delle masse. Questi sono i requisiti e lo stile di lavoro che viene richiesto ai membri, ai quadri e ai dirigenti del nostro Partito[395]

Una volta definita la linea politica, i quadri costituiscono un fattore decisivo. Per cui il nostro compito è formare e educare un gran numero di nuovi quadri[396].

Il criterio che il Partito Comunista deve adottare nella sua politica dei quadri è di appurare se un quadro si attiene con decisione alla linea del Partito, ne osserva la disciplina, mantiene stretti legami con le masse, è capace di orientarsi da solo, è attivo, lavora assiduamente e in maniera disinteressata. Questa è la politica del-

---

394 Tratto da: "Il falso comunismo di Krusciov e le lezioni storiche che ne trae il mondo" (14 luglio 1964)

395 "Conquistare a milioni le masse nel fronte nazionale unito contro il Giappone" (7 maggio, Opere scelte, vol. I).

396 Il ruolo del PCC nella guerra nazionale" (ottobre 1938, Opere scelte, vol.II).

la "nomina dei quadri in base ai meriti acquisiti"[397].

È necessario mantenere il sistema della partecipazione dei quadri al lavoro produttivo collettivo. I quadri del nostro Partito sono semplici lavoratori e non signori che gravano sulle spalle del popolo. Partecipando al lavoro collettivo, essi mantengono ampi e stretti legami con i lavoratori. Questa è una cosa di fondamentale rilevanza in un sistema socialista, perché contribuisce a superare la burocrazia e a prevenire il revisionismo e il dogmatismo[398].

Dobbiamo saper giudicare i quadri. Mai dobbiamo limitare il nostro giudizio a un breve periodo o a un avvenimento isolato della vita di un quadro, ma considerarne nell'insieme l'operato. È questo il modo migliore per valutare l'efficienza dei quadri[399]. Dobbiamo impiegare al meglio i quadri. Un dirigente ha due responsabilità principali: elaborare idee e impiegare al meglio i quadri. Elaborare idee significa formulare piani, prendere decisioni, dare disposizioni etc. Impiegare al meglio i quadri mettere in pratica le idee, sollecitare i quadri ad agire[400].

Dobbiamo prenderci cura dei quadri seguendo questo protocollo:

1. Dare loro orientamento ovvero dar loro indipendenza nel lavoro, laddove sanno assumersene la responsabilità e, allo stesso tempo, fornire loro istruzioni, affinché, orientati dalla linea politica del Partito, siano messi in condizione di mettere pienamente a frutto il loro spirito di iniziativa.

2. Elevare il loro livello. Questo significa educarli dando loro la possibilità di studiare, affinché possano migliorare la loro conoscenza teorica e la capacità lavorativa.

3. Controllare il loro lavoro, aiutarli a far tesoro delle esperienze, a moltiplicare i loro successi e a riparare agli errori. Assegnare un incarico senza controllarne l'esecuzione e

---

397 Ibid.

398 Tratto da "Il falso comunismo di Krusciov e le lezioni storiche che ne trae il mondo" (14 luglio 1964).

399 "Il ruolo del PCC nella guerra nazionale" (ott. 1938, Opere scelte, vol. II).

400 Ibid.

occuparsene solo quando sono già stati commessi gravi errori non è il modo giusto di occuparsi dei quadri.

4. Con i quadri che hanno commesso errori, avvalersi quanto più possibile del metodo della persuasione e aiutarli a porre rimedio ai danni causati. Il metodo della lotta deve applicarsi solo a coloro rei di gravi colpe che, ciò nonostante, rifiutano di farsi guidare. È sbagliato accusare alla leggera qualcuno di "opportunismo" come anche condurre alla leggera "lotte" contro questo o quello.

5. Soccorrere chi si trova in difficoltà. Quando i quadri si ammalano, accusano difficoltà materiali, familiari o di altro genere, dobbiamo, per quanto possibile, prenderci cura di loro.

È in questo modo che dobbiamo interessarci ai quadri[401].

Un gruppo dirigente veramente coeso e unito alle masse può formarsi progressivamente solo nel corso del processo di lotte di massa, La composizione del gruppo dirigente non può e non deve restare completamente invariata in tutte le fasi di una lotta perché coloro che in quella si distinguono devono essere promossi e portati a sostituzione di quanti hanno deluso le attese o si sono dimostrati immeritevoli di farne parte[402].

Se il nostro Partito non disporrà di un ampio numero di nuovi quadri che collaborino in stretta unità con i vecchi, la nostra causa rischierà una battuta d'arresto. Quindi, tutti i vecchi quadri sono tenuti ad accogliere con entusiasmo i nuovi, mostrando nei loro confronti la più calorosa sollecitudine. Ovviamente, i nostri quadri non sono esenti da imperfezioni: essi partecipano alla rivoluzione da poco per cui mancano di esperienza; alcuni portano inevitabilmente con sé qualche residuo dell'ideologia corrotta della precedente società, scorie dell'individualismo piccolo-borghese. Tuttavia, questi difetti possono essere ovviati man mano che il quadro viene educato e temprato nella rivoluzione. Il carattere positivo dei nuovi quadri, come ha dichiarato

---

401 Ibid.

402 "Alcune questioni inerenti ai metodi di direzione" (1° giugno 1943, Opere scelte, vol. III).

Stalin, sta nella loro sensibilità all'innovazione, nell'entusiasmo
– qualità che alcuni tra i vecchi quadri hanno smarrito –. I quadri, nuovi o vecchi che siano, devono portarsi reciproco rispetto,
apprendere gli uni dagli altri per porre rimedio alle rispettive carenze, in modo da unirsi come un solo uomo nella causa comune
e prevenire così ogni deriva settaria403[403].

Dobbiamo prenderci cura non solo dei quadri del Partito,
ma anche di quelli che non vi sono compresi. Fuori dal Partito
ci sono molte persone capaci, che siamo tenuti a non ignorare.
È dovere di ogni comunista liberarsi dall'indifferenza e dall'arroganza, collaborare con i quadri esterni, aiutarli e convogliare le
loro iniziative al sostegno della lotta di resistenza contro il Giappone e della costruzione del nostro paese[404].

I GIOVANI

Il mondo appartiene a tutti noi, ma a voi in particolar modo.
Voi giovani, nel pieno vigore, come il sole alle prime ore del mat-
tino, vi trovate nel fiore della vita. Le nostre speranze sono ripo-
ste in voi [...]. Il futuro della Cina è nelle vostre mani[405].

Dobbiamo far comprendere a tutti i giovani che il nostro è
ancora un paese molto povero, che non è possibile ovviare a questa situazione in breve tempo e che solo attraverso gli sforzi con-
giunti con le nuove generazioni e il popolo sarà possibile, entro
pochi decenni, avere una Cina prospera. Il socialismo ha aperto
la strada verso una società ideale, ma per far divenire questo ideale realtà occorre ancora molto lavoro[406].

A causa della loro scarsa esperienza politica e sociale, molti
giovani sono incapaci di trovare differenze tra la vecchia e la nuova Cina. Per loro è difficile comprendere quali dure prove ha do-

---

403 "Rettificare lo stile di lavoro del Partito" (1° febbraio 1942, Opere scelte, vol. III).

404 "Il ruolo del PCC nella guerra nazionale" (ottobre 1938, Opere scelte, vol. II).

405 Discorso durante l'incontro con gli studenti che frequentano corsi di specializzazione a
Mosca (17 novembre 1957).

406 "Sulla giusta soluzione alle contraddizioni in seno al popolo" (27 febbraio 1957).

vuto affrontare il nostro popolo nella lotta per liberarsi dal giogo dell'imperialismo e della cricca reazionaria di Kuomintang, né l'estenuante lavoro necessario per costruire una felice società socialista. È per questo che dobbiamo costantemente provvedere a un'efficace educazione politica tra le masse, dire sempre loro la verità sulle difficoltà che si presentano e approntare con esse piani per averne ragione[407].

I giovani sono la forza più attiva e utile delle società. Essi sono i più invogliati ad apprendere e i meno conservatori nel modo di ragionare e questo risulta particolarmente vero in un'epoca socialista. Confidiamo che le organizzazioni locali del Partito aiutino e collaborino con le componenti della Lega della Gioventù, al fine di valorizzare le nuove generazioni. Le organizzazioni del Partito devono tener conto delle caratteristiche di queste associazioni giovanili e mostrarsi verso esse disponibili e comprensive, poiché è fuori di dubbio che i giovani debbano essere istruiti dagli adulti prima di essere impiegati in attività di una qualche utilità[408].

Come valutare se un giovane è rivoluzionario o meno? C'è un solo criterio, vale a dire quello di appurare se egli sia disposto o meno a integrarsi con le larghe masse operaie e contadine e se in concreto lo faccia. Se dichiara la sua disponibilità e agisce con coerenza è un rivoluzionario, in caso contrario è un contro-rivoluzionario. Se si integra oggi con le masse operaie e contadine è un rivoluzionario, ma, se successivamente verrà meno ai suoi propositi andrà annoverato tra le fila dei contro-rivoluzionari[409].

Gli intellettuali, fin quando non si gettano anima e corpo nelle lotte rivoluzionarie di massa o non si risolvono a servire gli interessi del popolo e a identificarsi con quello, tendono sovente al soggettivismo e all'individualismo, mostrando sterilità di pensiero e irresolutezza nell'azione. Di conseguenza, sebbene la massa degli intellettuali rivoluzionari cinesi possa svolgere un ruolo

---

407 Ibid.

408 "Intr. all'art.: "La brigata d'assalto giovanile della cooperativa di produzione agricola n. 9 del cantone Hsinping, distretto Chungshan" (1955).

409 "I movimenti giovanili" (4 maggio 1939, Opere scelte, vol. I).

importante, fungendo da anello di congiunzione con le masse, non tutti questi intellettuali riescono a fare della rivoluzione lo scopo della loro esistenza. Così una parte di loro, adottando un atteggiamento passivo, finirà per lasciare le file rivoluzionarie nel momento cruciale, alcuni persino dichiarandosi nemici della rivoluzione. Gli intellettuali possono porre rimedio ai loro difetti impegnandosi strenuamente nelle lotte di massa[410].

Pur seguitando ad agire in accordo con il Partito, per quanto riguarda il suo compito primario, la Lega della Gioventù deve svolgere un lavoro indipendente adeguato alla giovane età dei suoi membri. La nuova Cina deve prendersi cura dei giovani e avere a cuore la loro formazione. I giovani devono studiare e lavorare; essi si trovano nell'età della crescita per cui è necessario prestare la massima attenzione non solo al loro lavoro, ma anche allo svago, allo sport e al riposo di cui necessitano[411].

LE DONNE

Gli uomini in Cina sono normalmente soggetti al dominio di tre sistemi d'autorità (autorità politica, di clan e religiosa). Quanto alle donne, oltre ad essere soggette a questi tre sistemi di autorità, sono anche sottoposte agli uomini (autorità maritale). Queste quattro autorità – politica, clan, religiosa e maritale – sono l'incarnazione dell'intera ideologia e del sistema feudo-patriarcale, sono le quattro grosse corde che legano il popolo cinese e, in particolare, i contadini. Abbiamo illustrato precedentemente come i contadini abbiano rovesciato l'autorità politica dei proprietari fondiari nelle campagne. L'autorità politica dei proprietari è il perno di tutti gli altri sistemi d'autorità. Rovesciata questa, quelle di clan, religiosa e maritale cominciano a vacillare [...]. Quanto all'autorità del coniuge, essa, tra i contadini poveri,

---

410 "La rivoluzione cinese e il PCC" (dicembre 1939, Opere scelte, vol. II).

411 Istruzioni date durante l'incontro con il Presidente del II Congresso nazionale della Lega della Gioventù (30 giugno 1953).

è sempre stata più fragile perché, per necessità economica, le loro donne sono costrette a compiere più lavoro manuale di quanto ne spetta alle donne delle classi più ricche; di conseguenza, esse hanno un maggiore potere decisionale nelle faccende familiari. Negli ultimi anni, la progressiva rovina dell'economia rurale ha già minato le fondamenta del dominio dell'uomo sulla donna. Con la nascita del movimento contadino, le donne in molte zone del paese hanno oggi iniziato a organizzarsi in associazioni rurali femminili; è venuto per loro il momento di alzare la testa e l'autorità del coniuge vacilla ogni giorno di più. In breve, l'intera ideologia e il sistema feudo-patriarcale, a seguito dell'aumento del potere contadino, vacillano[412].

Unitevi e partecipate alla produzione e all'attività politica per migliorare la condizione economica e politica delle donne[413].

Proteggere gli interessi dei giovani, delle donne e dei bambini, fornire supporto agli studenti privi di mezzi, aiutare i giovani e le donne a organizzarsi perché partecipino di pari grado a ogni lavoro utile alla Guerra di resistenza contro il Giappone e al progresso sociale, assicurare libertà di matrimonio e uguaglianza tra uomini e donne, dare ai giovani e ai bambini un'istruzione [...][414].

Nella produzione agricola, il nostro compito consiste nell'organizzare le forze lavorative e incoraggiare le donne al lavoro[415].

Per una società socialista è della massima importanza mobilitare le larghe masse femminili nell'attività produttiva. Nella produzione uomini e donne, a parità di lavoro, devono ricevere identico salario. Una vera uguaglianza tra i sessi può realizzarsi soltanto nel processo di trasformazione socialista dell'intera società[416].

Con la realizzazione della cooperazione agricola, molte cooperative si trovano in carenza di manodopera. Si è reso necessario sollecitare la grande massa delle donne, che in precedenza non

---

412 Rapporto dell'inchiesta sul movimento contadino nello Human (marzo 1927, Opere scelte, vol. I)

413 Iscrizione per il primo numero della rivista Donne della nuova Cina (20 luglio 1949).

414 "Sul governo di coalizione" (24 aprile 1945, Opere scelte, vol. III).

415 "La nostra politica economica" (23 gennaio 1934, Opere scelte, vol. I).

416 Nota intr. all'art.: "Le donne sono entrate nel fronte del lavoro" (1955).

erano impiegate nei campi, a prendere parte al lavoro [...]. Le donne cinesi costituiscono un'immensa riserva di forza lavoro. Questa riserva, nella lotta per la costruzione di un grande paese socialista, deve essere valorizzata[417].

Porre ogni donna in grado di lavorare sul fronte del lavoro, applicando il principio, pari lavoro identico salario. Questo deve essere messo in pratica quanto prima[418].

CULTURA E ARTE

Nel mondo contemporaneo la cultura, la letteratura e l'arte appartengono interamente a determinate classi e si rifanno a determinate linee politiche. L'arte per l'arte, l'arte al di sopra delle classi, l'arte al di fuori della politica o indipendente da essa nella realtà non esiste. La letteratura e l'arte proletarie sono parte dell'intera causa rivoluzionaria del proletariato; come ha detto Lenin: "sono una piccola ruota, una piccola vite" dell'intero meccanismo rivoluzionario[419].

La cultura rivoluzionaria è, per le larghe masse popolari, una potente arma rivoluzionaria. Prima della rivoluzione prepara ideologicamente il terreno e durante la rivoluzione funge da stimolo essenziale[420]. Tutta la nostra letteratura e la nostra arte sono al servizio delle masse popolari e, innanzitutto, degli operai, dei contadini e dei soldati; sono create per tutti loro affinché possano servirsene[421]. I nostri lavori letterari e artistici devono assolvere a questo compito. Devono stare dalla parte degli operai, dei

---

417 7 Nota intr. all'art.: "Risolvere il problema della carenza di manodopera, mobilitando le donne nelle attività produttive" (1955).

418 Nota intr. all'art.: "Programma della Federazione democratica delle Donne cinesi nel distretto Sintai, sull'ampliamento della portata del lavoro femminile nel movimento di cooperazione agricola" (1955)

419 Discorso pronunciato alla Conferenza di Yenan sulla letteratura e l'arte (maggio 1942, Opere scelte, vol. III).

420 "Sulla nuova democrazia" (gennaio 1940, Opere scelte, vol. II)

421 Discorso pronunciato alla Conferenza di Yenan sulla letteratura e l'arte (maggio 1942, Opere scelte, vol. III).

contadini e dei soldati. Solo così avremo una letteratura e un'arte proletarie[422]. Bisogna fare in modo che la letteratura e tutte le altre arti entrino a far parte integrante della rivoluzione, operino come una potente arma per unire e educare il popolo, per colpire e annientare il nemico e spingere il popolo a lottare come un solo uomo[423].

Nella critica letteraria e artistica vi sono due criteri: quello politico e quello artistico [...]. In quale rapporto si trovano. i due? La politica non può identificarsi con l'arte, né una concezione generale del mondo può riscoprirsi nel metodo di creazione e critica artistica. Noi neghiamo non solo il criterio politico astratto, immutabile, ma anche il criterio artistico astratto, altrettanto immutabile; ogni classe, in ogni società divisa in classi, ha i suoi criteri particolari, tanto politici quanto artistici. Ma tutte le classi, in tutte le società divise in classi, pongono sempre il criterio politico al primo posto e quello artistico al secondo [...]. Ciò che noi esigiamo è l'unità politica e artistica, la coesione tra il contenuto politico rivoluzionario e la forma artistica. Le opere d'arte che mancano di qualità artistiche, per quanto siano avanzate dal punto di vista politico, sono prive di forza. Per questo ci opponiamo sia alle opere d'arte con contenuto politico errato sia alla tendenza a generare opere nello "stile dei manifesti e delle parole d'ordine", contenenti vedute politiche giuste, ma svilenti dal punto di vista artistico. Nel campo della letteratura e dell'arte in genere, dobbiamo condurre una lotta su due fronti[424].

"Che cento fiori sboccino e cento scuole si confrontino". Questa politica mira a stimolare il progresso delle arti, delle scienze e in generale della cultura socialista all'interno del nostro paese. Nell'arte, forme e stili diversi sono liberi di svilupparsi. Nelle scienze, scuole diverse possono liberamente controbattere le tesi le une dell'altre. Riteniamo che sia nocivo alla crescita delle arti e delle scienze ricorrere a misure amministrative per imporre un particolare stile, una scuola e vietarne altre. Il problema del giu-

---

422 Ibid.

423 Ibid.

424 Ibid.

sto e dell'errato nell'arte e nelle scienze deve essere risolto tramite libera discussione da effettuarsi in ambienti artistici e scientifici. Non è una questione a cui si possa dare una soluzione semplicistica[425].

Un esercito privo di cultura è un esercito ottuso e un esercito ottuso non può sconfiggere il nemico[426].

LO STUDIO

La trasformazione della Cina da paese agricolo arretrato a paese industrializzato avanzato ci pone di fronte ad ardui compiti. E, vista la nostra esperienza tutt'altro che adeguata, abbiamo molto da imparare[427]. Le condizioni mutano ed è necessario studiare affinché il nostro pensiero stia al passo coi tempi. Anche coloro che hanno una comprensione abbastanza buona del marxismo e sono relativamente saldi nella loro posizione proletaria devono seguitare ad apprendere, ad assorbire quanto di nuovo ci si pone di fronte[428]. Possiamo imparare quanto non conosciamo. Non siamo solo in grado di radere al suolo il vecchio mondo, ma anche di costruirne uno interamente nuovo[429]. Nell'imparare dagli altri si possono assumere due atteggiamenti. L'uno, dogmatico, consiste nel prendere ogni cosa, convenga o meno alle nostre condizioni. Questo atteggiamento è sbagliato. L'altro consiste nell'usare il cervello e apprendere ciò che riteniamo utile alle nostre condizioni, vale a dire assimilando ogni esperienza che riteniamo possa esserci utile. Questo è l'atteggiamento che dobbiamo tenere[430].

---

425 "Sulla giusta soluzione alle contraddizioni in seno al popolo" (27 febbraio 1957).

426 "Il fronte unito nel lavoro culturale" (30 ott. 1944, Opere scelte, vol. III)

427 Discorso di apertura all'VIII Congresso nazionale del PCC (15 settembre 1956).

428 Discorso tenuto alla Conferenza nazionale del PCC sul lavoro di propaganda (12 marzo 1957)

429 Rapporto alla I sessione plenaria del VII Comitato centrale del PCC (Opere scelte, vol. IV).

430 "Sulla giusta soluzione alle contraddizioni in seno al popolo" (27 febbraio 1957).

La storia di Marx, Engels, Lenin e Stalin ha un valore universale. Tuttavia, non dobbiamo considerarla come un dogma, ma come una guida, un pungolo ad agire. Non bisogna limitarsi ad imparare i termini e le espressioni del marxismo-leninismo, ma studiarlo come scienza della rivoluzione. Non si tratta solo di comprendere le leggi generali che Marx, Engels, Lenin e Stalin hanno tratto dal loro vasto studio della vita reale e dell'esperienza rivoluzionaria, ma anche di studiare la posizione e il metodo da essi assunti nell'esaminare e risolvere i problemi[431]. Se possediamo una giusta teoria, ma ci limitiamo a farne oggetto di conversazione e ad archiviarla senza porla in pratica, allora questa teoria, per quanto buona, non ha alcun valore[432].

È necessario impadronirsi della teoria marxista e applicarla. Qualora, applicandola, riuscirete a svolgere uno-due problemi pratici, meriterete di essere elogiati. Quanto più numerosi saranno i problemi che tramite quella spiegherete e quanto più complete e approfondite saranno le vostre delucidazioni, tanto più grandi saranno i vostri successi[433].

Come legare la teoria maxista-leninista alla pratica della rivoluzione cinese? È necessario, come si usa dire, "lanciare la freccia contro il bersaglio". Quando si scaglia la freccia, bisogna mirare giusto. Il marxismo-leninismo sta alla rivoluzione come la freccia sta al bersaglio. Tuttavia, alcuni compagni "scagliano frecce alla cieca", rischiando così di nuocere alla rivoluzione[434].

Quanti hanno esperienza del lavoro devono dedicarsi con impegno allo studio teorico per porre ordine alla loro esperienza e portarla al livello della teoria. In questo modo, non valuteranno più quanto vissuto come legge universale e non commetteranno errori di empirismo[435]. Studiare sui libri significa apprendere, ma anche applicare ha lo stesso significato ed è questo un modo migliore del primo per imparare. Il nostro miglior sistema per

---

431 "Il ruolo del PCC nella guerra nazionale" (ott. 1938, Opere scelte, vol. II).

432 "Sulla pratica" (luglio 1937, Opere scelte, vol. I).

433 "Ratificare lo stile di lavoro del Partito" (1° febbraio 1942, Opere scelte, vol. III).

434 Ibid.

435 Ibid.

conoscere la guerra è combatterla. Anche chi non ha avuto modo di frequentare una scuola può imparare a conoscerla combattendo. Una guerra rivoluzionaria è un'impresa di massa; spesso non si tratta di apprendere e successivamente passare all'azione, ma al contrario di agire e tramite l'azione apprendere: perché, in quel contesto, agendo ci si istruisce[436].

Esiste un certo confine tra il civile e il soldato che, non essendo sancito da una Grande Muraglia, può essere facilmente rimosso. Prendere parte a una guerra rivoluzionaria – ecco il sistema per abbattere ogni linea di demarcazione. Quando affermiamo che non è cosa semplice imparare ed applicare, intendiamo dire che è difficile imparare a fondo e applicare con la giusta abilità quanto si è appreso. Quando diciamo che i civili possono divenire soldati in men che non si dica, intendiamo che non è cosa improba compiere il primo passo. Per unire queste due affermazioni, è opportuno menzionare un antico detto cinese: "Nulla è troppo difficile al mondo per chi è deciso a riuscire". Compiere il primo passo non è affatto complicato e perfezionarsi è cosa possibile, se si è animati dalla giusta determinazione e si è capaci di apprendere[437].

In ambito economico, dobbiamo imparare il lavoro da quanti, chiunque siano, conoscano a fondo la materia. Questi, dobbiamo considerarli nostri maestri e imparare da loro coscienziosamente e con modestia. Non dobbiamo fingere di sapere quando non conosciamo, ma ammettere la nostra ignoranza[438]. Il sapere è scienza che non ammette il minimo inganno o atto di presunzione. Essa esige, infatti, l'esatto contrario: onestà e modestia[439].

La soddisfazione è nemica dello studio. Non saremo capaci di imparare finché non ce ne libereremo. "Non essere mai sazi di apprendere e mai stancarsi di insegnare". Questo è l'atteggia-

---

436 "Problemi strategici della guerra rivoluzionaria cinese" (dicembre 1936, Opere scelte, vol. I).
437 Ibid.
438 "Sulla dittatura democratica popolare" (30 giugno 1949, Opere scelte, vol. IV)
439 "Sulla pratica", Opere scelte, vol. I)

mento che siamo tenuti ad assumere verso noi stessi e gli altri[440]. Alcuni, avendo letto qualche opera marxista, si ritengono sufficientemente eruditi; purtroppo, spesso quello che hanno esplorato non ha messo radici nella loro mente e, non sapendo che uso farne, i loro sentimenti di classe permangono invariati. Altri, particolarmente presuntosi, avendo a mente alcune citazioni, si gonfiano di orgoglio a ripeterle qua e là; poi, quando si scatena la tempesta, assumono posizioni assai diverse da quelle della classe operaia e contadina. Per cui vacilleranno, cadendo nell'equivoco, laddove operai e contadini rimarranno saldamente ancorati alla loro ideologia[441]. Per impadronirsi fino in fondo del marxismo non basta studiarlo sui libri. È necessario soprattutto impararlo tramite la lotta di classe, il lavoro pratico e lo stretto contatto con le masse operaie e contadine. Parleremo così, tutti lo stesso linguaggio, non solo quello comune del patriottismo e del sistema sociale, ma probabilmente anche quello della concezione comunista del mondo, quando i nostri intellettuali, oltre ad aver letto alcune opere marxiste, saranno giunti a una certa comprensione del marxismo tramite lo stretto contatto con le masse operaie, contadine e il lavoro pratico. Se questo si verificherà, non potremo che gioirne[442].

---

440 "Il ruolo del PCC nella guerra nazionale" (ott. 1938, Opere scelte, vol. II).

441 Discorso tenuto alla Conferenza nazionale del PCC sul lavoro di propaganda (12 marzo 1957)

442 Ibid.

Indice